Sabotaje a la che
Más otros dos poemarios de humor neoquevediano

Sabotaje a la che
Más otros dos poemarios de humor neoquevediano

Fer de la Cruz

www.librosenred.com

Dirección General: Marcelo Perazolo

Obra ganadora de la convocatoria Fondo Ediciones y Coediciones Literarias 2019 del Ayuntamiento de Mérida a través de la Dirección de Cultura.

Está prohibida la reproducción total o parcial de este libro, su tratamiento informático, la transmisión de cualquier forma o de cualquier medio, ya sea electrónico, mecánico, por fotocopia, registro u otros métodos, sin el permiso previo escrito de los titulares del Copyright.

Primera edición en español - Impresión bajo demanda

© LibrosEnRed, 2020
Una marca registrada de Amertown International S.A.

ISBN: 978-1-62915-446-6

D.R. © Ayuntamiento de Mérida, 2020

Calle 59 Núm. 463 por 52 y 54 Centro

CP 97000, Mérida, Yucatán, México

Para encargar más copias de este libro o conocer otros libros de esta colección visite www.librosenred.com

AYUNTAMIENTO DE MÉRIDA
2018 - 2021

Lic. Renán Alberto Barrera Concha
Presidente Municipal

Lic. Alejandro Iván Ruz Castro
Secretario Municipal

C. Diana Mercedes Canto Moreno
Regidora Síndico Municipal

Lic. Arturo León Itzá
Regidor Presidente de la Comisión de Cultura

Lic. Karla Vanessa Salazar González, M.A.P. y D.H.
Regidora integrante de la Comisión de Cultura

Mtra. Nora Argelia Pérez Pech
Regidora integrante de la Comisión de Cultura

Lic. Alejandrina León Torres
Regidora integrante de la Comisión de Cultura

M.B.I. Fausto Alberto Sánchez López
Regidor integrante de la Comisión de Cultura

Antrop. Irving Gamaliel Berlín Villafaña, D.C.I.
Director de Cultura

ACTA DICTAMEN

En la ciudad de Mérida, Yucatán, siendo las catorce horas del día lunes catorce de octubre del año dos mil diecinueve, se reunieron en las oficinas de la Dirección de Cultura del Ayuntamiento de Mérida, ubicada en el predio macado con el número 463 de la Calle 59 cruzamientos con las calles 52 y 54, Colonia Centro, de esta ciudad de Mérida, Yucatán, los C.C. Rubén Reyes Ramírez, Carlos Martín Briceño, Maria Teresa Mezquita Méndez, Nydia Margarita Robleda Moguel, y Celia Esperanza Rosado Avilés, miembros del Comité del Fondo Editorial del Ayuntamiento de Mérida, con la finalidad de emitir el dictamen correspondiente como resultado del análisis de las obras literarias que fueron recibidas de la Convocatoria del Fondo Ediciones y Coediciones Literarias, por lo que proceden a emitir el siguiente:--

LAUDO

Después de un minucioso análisis de los 38 (treinta ocho) trabajos recibidos como respuesta a la Convocatoria del Fondo Ediciones y Coediciones Literarias emitida por el Ayuntamiento de Mérida a través de la Dirección de Cultura, este Comité, apegándose al espíritu de dicha convocatoria, se determina la publicación de las 09 (nueve) obras seleccionadas que se mencionan a continuación:

1. *¿Dónde están todos?* / Novela (Seudónimo, Aprilis)
2. *Despedida a una musa y otras despedidas* / Cuento (Seudónimo, La dama del lago)
3. *La perra que conoció el mar* / Cuento (Seudónimo, Ojos de perro azul)
4. *Antología de aventuras y una que otra muerte* / Cuento (Seudónimo, Cleopatra)
5. *Sabotaje de la Ch más otros dos poemarios neoquevedianos* / Poesía (Seudónimo, El cura y el barbero)
6. *Como aprendí a volar* / Novela infantil (Seudónimo, Glücksdrache)
7. *Como un sonoro arroyito. Textos periodísticos sobre cultura yucateca* / Periodismo cultural (Seudónimo, Uno de tantos)
8. *Crónicas del arte, la creación e identidad yucatanenses* / Crónica (Seudónimo, Noé del Corral)
9. *Prius est esse quam taliter ese, La disputa por el descanso dominical en Yucatán* / Ensayo (Seudónimo, Capitaine Nemo)

Las obras seleccionadas presentan una estructura sólida y coherente, así como un uso de lenguaje adecuado, ortografía y estructura de redacción correctas. En todas ellas encontramos rasgos de originalidad y, en su conjunto, abarcando los distintos géneros, este jurado considera que las nueve obras seleccionadas son un buen ejemplo del estado de la producción literaria en Yucatán y cumplen con los requisitos de calidad para considerar su publicación y en consecuencia ser las seleccionadas de esta convocatoria.

En mérito del dictamen de antecedentes, es procedente hacer la apertura de las plicas ganadoras contenidas en el presente dictamen en los términos de la Convocatoria del Fondo Ediciones y Coediciones literarias, por lo que no habiendo más asuntos que tratar, se da por terminada la presente actuación, siendo las catorce horas con treinta minutos del propio día, mes y año, firmando de común acuerdo los integrantes del Comité del Fondo Editorial del Ayuntamiento de Mérida para todos los efectos legales conducentes.

NOMBRE Y FIRMAS DE LOS INTEGRANTES DEL COMITÉ DEL FONDO EDITORIAL DEL AYUNTAMIENTO DE MÉRIDA

C. RUBEN REYES RAMÍREZ

C. CARLOS MARTÍN BRICEÑO

C. MARIA TERESA MEZQUITA MÉNDEZ

C. NYDIA MARGARITA ROBLEDA MOGUEL

CELIA ESPERANZA ROSADO AVILES

Sabotaje a la che
y otros poemas de martirologio

¿Por qué tanto alboroto por la elle y la che?

A fines de 2010, la Real Academia Española y sus contrapartes del resto del mundo hispánico suprimieron los dígrafos che y elle del alfabeto castellano, para asimilarlo más al *orden latino internacional*. Esta medida reaccionaria contradice el espíritu celebratorio de diversidad dialectal e identidad lingüística, favoreciendo aquel descolorido prurito de uniformidad impuesto por el generalísimo Francisco Franco y por el común de los tiranos en el mundo. Ricardo Soca especula que la decisión de la RAE y demás academias de la lengua responde más bien a fines comerciales, pues cada vez que declaran cambios, sus diccionarios y gramáticas venden (aunque Antonio de Nebrija se revuelque en su tumba).

En tiempos de los Médici, Maquiavelo advertía: "es tal la diferencia entre cómo se vive y cómo se debería vivir que aquel que prefiere lo que debería hacerse y no lo que se hace, camina más a su ruina que a su beneficio". En este pensamiento tristemente célebre, muchos aceptan como naturales e inmutables situaciones causadas desde el poder, que para el hombre justo son inadmisibles. Dichas situaciones resultan ridículas cuando se miran como son. A lo largo de la historia de las literaturas, la sátira ha enfocado la mirada justo en esas situaciones, exagerándolas un poco para evidenciarlas en su desaforada y más risible realidad, lo cual suele incomodar a quienes se esfuerzan por maquillarlas o justificarlas.

La presente colección de poemas narrativos y neoconceptistas continúa la tradición satírica trazada por Quevedo, Caviedes, Fernández de Lizardi, Carreto, Ortuño, Monsreal... ilustrando muchas de las citadas situaciones, encarnadas en los infortunios sufridos por las letras elle y che, según especulaciones humorísticas de por qué fueron dadas de baja del alfabeto castellano, en seguimiento de las decisiones tomadas en Berceo (La Rioja) y Guadalajara (Jalisco) a finales de aquel fatídico 2010. En este sentido, como el título indica, este libro viene a ser una colección de versiones en un martirologio, aunque sólo sea de dos letras: la elle y la che.

Escrito entre el ultraviolento 2010 y el no mucho mejor 2011, este libro se plantea como una radiografía de la realidad nacional, a partir del lema satirista que propongo y he venido repitiendo desde entonces: "Mejor reír que llorar".

El autor

Qe de tan grand infamia   me denesti guarir.

> Gonzalo de Berceo, *Los Milagros de Nuestra Señora*

et porque de buen seso non puede omen reír
avré algunas burlas aquí a enxerir

> Juan Ruiz, Arcipreste de Hita, *Libro de Buen Amor*

Ríete de ellos después,
que su brutal avaricia
venden por ciencia sin alma
tan a costa de las vidas.

> Juan del Valle y Caviedes, *Diente del Parnaso*

La che se me aparece

Lo juro por las letras de mi nombre:
la che se me aparece.
Escucho sus chirridos entre uno y otro sueño.

Divaga por las noches,
acecha por mis párpados,
se mece en mis pestañas
y la dejo de ver cuando amanece.

No sabe que está ausente.
Le pido al Santo Aleph que la reciba,
que le muestre la luz,
que la che se ilumine de su gloria
y descanse en el cielo de las letras,
en tanto le preparo su altar de letra muerta.

Una posible causa

Sabotaje a la ch

Pensarán que es comunista,
gay
o ambos,
—por algo no la admiten en el alfabeto inglés—
o les molesta el riesgo de que emita doble voto
en asuntos urgentes del Idioma…

La quieren dejar fuera.
No le notificaron las últimas reuniones
y, después de tres faltas, como indica el reglamento…

Las casas editoras manifiestan su acuerdo
en adoptar estándares intergramaticales
y en que un solo nuevo set de letras decantadas
resulta más rentable.

A la che no le importa. Continúa su oficio milenario
custodiando al fonema primigenio
que nació en los chasquidos del Caos original.

Se le ve últimamente con la eñe y la elle
agitando a exclamaciones y preguntas de todo tipo,
motivándolas sobre la importancia
de abrir siempre los signos
y llevar el acento muy en alto.

Medidas de austeridad

"29 son muchas", nos dice el director.
No hay salones ni foros suficientes,
los estacionamientos quedan chicos,
los carriles son cuellos de botella...
Cantidad de palabras tuvieron que asignarse,
cada una,
a dos o tres conceptos diferentes
o más. Las decisiones no son cosa sencilla:
con siglos de servicio cada una,
no nos sale barato liquidar a las letras.
Si a esto le sumamos los recortes de nuestro presupuesto,
en tiempo electoral...

Será mejor así. Gire la orden.
Veinticinco grafías son más que suficientes
para satisfacer fonemas básicos.
Si se ponen muy bravas, negociemos.
La che y la elle salen de inmediato, eso sí.
La eñe tan roñosa y la hache medio autista
seguirán vigiladas. Se irán pronto, verá.
...Total, para sus plazas aún no tengo comprador.

Sobre todo tratándose de dígrafos

La elle no calló. La che chistaba
cuando las reprendieron,
por prevenirnos contra los fantasmas de la globalización:
por su decantación de identidades
y por la aplanadora del *Ordem e Progresso*
que ya encendía motores nuevamente
al cambio de milenio.

En cada conferencia sobre equidad de léxico,
diversidad lingüística o asuntos de fonética,
blandían en cada mano la... ¿*uve* de la victoria?

Hoy piden formalmente su renuncia
y que entreguen su credencial de letra
para darlas de baja deshonrosa
por decreto del Nuevo Catecismo
de la Heroica Patria del Idioma.

Mantienen la esperanza.
Aún no son letra muerta.
Y ahora más que nunca, las letras prevenidas
valen por dos.

Off the record

El periódico rojo reportaba
que por rojas nos echaron del Idioma.
El periódico azul dijo lo opuesto:
que éramos devotas
y gustosas recibíamos el mandato
del Santo Oficio de las academias.

Nadie cubrió la nota de la manifestación:
Las 29 en bloque
marchamos por las calles de Berceo
pero nos retiramos para no ser arrestadas
cuando vimos llegar grupos de choque
de la Guardia Real de la Academia
(nos sabemos muy bien el viejo truco).

Ahora queda esperar
y seguir en la lucha clandestina, a pesar de lo que digan
los periódicos y los académicos,
en tanto que se imprimen los nuevos diccionarios
con su neutra visión:
en blanco y negro.

Así es en todos lados

En la renovación de los contratos,
dos letras no entregaron certificado médico.
A una le encontraron un estafilococo pasajero
y a la otra le había dado la gripe de las letras,
suficiente para que el documento no les fuera expedido
luego de horas de cola en el centro de salud.

Llevaban trabajando un semestre sin problemas,
igual que cada ciclo por los siglos de los siglos:
sin firma ni contrato
y, como se acostumbra,
pasaron las quincenas y sus cheques no salían.
Hasta que al fin les fue notificado
que su contrato no se autorizaba.
Faltaba ese dichoso documento del Centro de Salud.

O sea, que trabajaron gratis el semestre
que "lo sentimos mucho" y "que no regresen más",
"en el Idioma así son estas cosas",
"así siempre se ha hecho",
"no hay nadie que autorice",
"no hay nada más qué hacer".

Pero que no nos oigan;
no sea que se nos cumpla en carne propia
a las otras 27. Mejor seamos prudentes:
"Calladitas nos vemos más bonitas". Sigamos el ejemplo
de nuestra hermana hache.

Pagaduría

"Sin la che no habrá cheques para nadie", rieron los contadores
con la mente en el sábado, en los antros y tugurios,
los whiskeys y cubetas de cerveza;
luego, la parrillada del domingo,
el cine con los niños…
"Total, nuestro depósito directo
es a prueba de letras obsoletas".
"Y sin la elle, ni llorar podrán" rumió la directora
tragándose la risa para no arruinarse el *lifting*.

Pobres almas, ignoran que el camino del infierno
está pavimentado con las cuentas de buenos contadores.

Laid off: otra versión

Le pasa cada otoño:
todo lo que la che necesitaba era descanso:
le salía soplado su fonema,
le tronaban un poco las grafías,
veía doble a la ele y a la ve.

Se tomó el día económico,
fue al Seguro Social
—que nunca la atendieron aún estando asegurada,
por no poder mostrar talón de pago—
y al volver al trabajo le dijeron
que no se molestara,
que volviera a su casa,
que ya la jubilaban
pero que devolviera su fonema
antes de que vaciara su escritorio.

Ante su negativa, sacaron la renuncia
que aquel remoto día cuando fue contratada
le habían hecho firmar
(ahí estaba asentada su firma: *CH*),
en tanto le decían:
"Aquí ya no queremos a letras problemáticas".

Fue entonces que la che se volvió anticastellana.

La elle, compañera disidente,
entre bromas le dice: "Hasta siempre,
comandante Che Guevara".

La ce, la hache y la ele

Hay quien dice que no echaron a la elle y a la che;
sólo les redujeron el sueldo y prestaciones.
Y es que los sindicatos, coludidos con los números,
tienen sus entendidos no euclidianos
con las editoriales
y por supuesto con las academias.

El cheque de la che aún no ha salido,
tampoco el de la elle,
ni han firmado el contrato del año que termina,
es de todos sabido.
Por eso es que renuncian, dicen las malas letras,
"y que el pago se lo metan por la o" dice la che.

Las individualistas ele, ce y hache ni se inmutan;
firmaron su contrato esta mañana
por un ciclo de diez meses sin derecho a vacaciones,
recibieron las horas laborales
que dejaron vacantes las letras disidentes
y hasta la directora las invitó a almorzar,
ofreció publicarlas en costosos tirajes
ir a ferias del libro con viáticos pagados
para mostrarle al mundo
que el incluyente régimen promueve la cultura
como muestran la prensa, las cifras oficiales
y miles de electores, eso dicen.

La che y la elle callan al ver los titulares
y empacan sus maletas
para empezar de nuevo en el exilio.

Las demás dicen esto y dicen lo otro,
hay quien dice hasta misa
sobre el sonado caso de la elle y la che.
Podrán seguir diciendo lo que quieran
pero el hecho es que, si quieren escribirlo,
hoy tienen menos letras
y hay quien opina, menos dignidad.

Versiones más terribles

Las letras no se salvan

—Usted se llama Che
y ocupa el cuarto escaño del alfabeto.
—¿Quién lo invitó a sentarse en esta mesa?
—Sé todo sobre usted, amiga mía. Su fonema es: /tʃ/
La ce y la de, son letras de su rumbo.
Pero además la ce es de sus grafías,
como también la hache. Y frecuenta a la elle;
van juntas a sus mítines y marchas.
Cuenta con sueldo base en el idioma
y le vende su imagen a Carolina Herrera.
Iré al grano:
aquí tiene este número de cuenta
y esta cantidad.
Deposite el dinero mensualmente.
Más le conviene hacerlo
o las editoriales quedarán complacidas
de ahorrar papel y tinta con una letra menos.
Las academias y la policía están en nuestra nómina.
La protección no es gratis. Con permiso.
Disfrute su café, amiga Che.

Levantón

Resulta inexplicable el secuestro de la elle y de la che.
La ve y la ene vieron cómo se las llevaban
a plena luz del día.
Pero nadie ha llamado
ni hemos recibido nota alguna
que exija su rescate o algún tipo de demanda.

Primero lo anunció TV Española
y los diarios locales dos semanas después;
se comenta en coloquios y congresos
pero aún no sabemos nada de ellas.

No han hallado sus restos ultimados
en ninguna cañada o carretera.
No se metían con nadie, ¿quién querría dañarlas?

Sólo queda rezarle a Santo Gutenberg,
Santo Patrón de letras extraviadas.

Exilio

La che y la elle huyeron del país.
Eso es lo que pasó,
dice la de.

La Real Academia prefiere no admitir
lo vulnerable de la monarquía
en nuestra milenaria Patria del Idioma.
Mejor se echan la culpa e inventan la leyenda
de que ambas letras fueron expulsadas
de que fue por ceñirse la Academia a estándares globales
y todas las tonteras que repiten columnistas de diarios y *youtubers*.

Lo que leen las letras exiliadas
son las notas sobre los homicidios,
la corrupción, etcétera.
Aún tienen noticia
de la ola de secuestros y extorsiones
a vecinos, amigos y colegas.

Y la che da un suspiro de alivio, de impotencia,
de soledad, de angustia, de nostalgia…
mientras la elle reza —pues es letra creyente—
por el triste destino de la Lengua,
que aún —quiere pensar— no ha sido escrito.

Carta de la che

Es tradicionalista.
Hoy me llegó una carta
suya desde el exilio,
no un *email* ni un *mensaje de texto* en el teléfono
sino una carta escrita
desde su puño y trazo,
que encontré solitaria en mi buzón.

Me dice que es difícil:
"La soledad sería insoportable
de no ser por la elle,
amiga y compañera en la desgracia";

que ha conocido a alguien:
una atractiva letra con cedilla
y que hoy saldrá con ella
en su primera cita;

que lee en los periódicos
las decisiones de los académicos
(dice que los perdona,
que no saben lo que hacen).

Se ha vuelto una activista de causas sin futuro.
Es lo que sabe hacer.

Y que no se despide pues aún hay esperanza
mientras haya escritores que honren sus grafías,
mientras le quede aliento en su fonema.

Nominan a la che para el Nobel de la Paz

Va entre las favoritas este año,
es un secreto a voces en pasillos de la ONU
y entre los cuchicheos de la academia sueca,
por su defensa de la identidad,
por haber promulgado los derechos del hablante
(dignificando rasgos dialectales desde la periferia),
por construir el sueño de un idioma más justo
y más equitativo,
por seguir promoviendo en el exilio
la democracia de nuestro alfabeto…
Es autora de libros ampliamente citados
y dicta conferencias en varios continentes.

Las 27 letras oficiales,
desoyendo instrucciones superiores,
le harán un homenaje
adonde asistirán también la elle
y la prensa mundial.

El País y Aristegui han anunciado que la che tristemente
recibe mejor trato en Suecia que en España
y todo el mundo hispánico.

...SEGÚN LA VOLUNTAD DEL SANTO ALEPH

NO LLEVABAN CINTURÓN

La che iba manejando
y no vio que venía el remolque de los números.

Fue a buscar a la elle cuando ya la avenida
iba más transitada que el diccionario Webster.
Pero aquí en el Idioma, las calles son estrechas,
las rampas y salidas son abruptas,
no hay puentes peatonales,
la puntuación y otros señalamientos
andan ya muy descuidados
y de encima, las letras van que vuelan;
son adictas al claxon,
se pasan amarillos, bailan por los carriles
y son pocas las que llevan cinturón.

Fue simple y momentáneo el descuido de la che:
no checó el punto ciego,
ni vio encima del hombro como indica el manual
y fue el desastre.

El sepelio de la elle y de la che será mañana.
Asistirá la prensa.
Las 27 que les sobreviven
están inconsolables.

Monumento a la elle y a la che

Debemos construir un monumento a la elle y a la che.
Recolectemos llaves
para juntar el cobre suficiente
a lo largo y sonoro del Idioma.

Ya sé: mejor fundamos
las estatuas de los conquistadores,
de los expresidentes
y de cualquier canalla que adorne una glorieta.
Habrá cobre de sobra
para erigir estatuas megamonumentales
de todo el alfabeto.

Soñar no cuesta nada: eso nunca pasará.
Ni la che ni la elle se prestaron en vida
a alcahuetear a nadie
ni vendieron sus trazos y fonemas
para alinearse con los funcionarios.

Mientras estos mantengan el poder,
nuestras queridas letras disidentes
seguirán condenadas al olvido.
Continuarán las llaves su oficio utilitario
de someter candados, traspasar cerraduras,
reabrir viejas heridas, clausurar la memoria
y tintinear su cobre en los bolsillos.

En tanto,
los monumentos seguirán blanqueándose
al vuelo de los pájaros.

Beatifican a la che

Beatifican a la che
y difunden el mito de que fue letra abnegada,
de que su vocación fue la obediencia,
de que no cuestionaba a autoridad alguna
y de que se deshizo de bienes materiales,
que los donó a los pobres
y terminó sus días fuera del alfabeto,
recluida y en oración perpetua.

Dicen que hace milagros
y venden papelitos manchados con su tinta
para colgarse al pecho como escapularios.

Si la che los oyera, se volvería a morir.
Qué bienes donaría
si sus cheques llegaban con meses de retraso.
Y si llegó a pisar alguna iglesia
en los últimos siglos
fue para protestar, pancarta en mano
en la misma San Millán de la Cogolla,
cargada de nostalgia
por sus viejos amigos Gonçalo de Berçeo,
y aquel fraile noctámbulo de nombre escurridizo
que la honró en unas glosas clandestinas
ahora veneradas.

La beata letra che hoy nos diría
que quien difunde chismes es chismoso
y quien inventa mitos, pues, mitómano.

Che nuestra, te pedimos

Che nuestra, te pedimos que por tu intercesión,
el Santo Aleph, origen de las letras,
nos conceda la gracia de la paz en el Idioma.
Que cesen los secuestros, extorsiones,
engaños telefónicos, balazos entre líneas,
borrones sin criterio, tachaduras…
Y no nos desampares
ante el ruido de tantos académicos
azuzados por la rabiosa RAE.
Que el fantasma del corrector de Office ya deje de hostigarnos
con sus programaciones prosaicas y en inglés.
Te pido por el alma de la elle,
fiel compañera nuestra. Admítela a tu lado
con sus santos fonemas yeístas o sheístas…
Y que salgan a tiempo nuestros cheques.
Llevamos un milenio
cobrando cada año con meses de retraso,
sin siquiera crear antigüedad,
y en cualquier momento llegan y nos borran
del sagrado alfabeto,
lo sabrás mejor que nadie,
tú que anduviste calles y avenidas
de Berceo
y de Guadalajara,
cargando tu pancarta como cruz,
cuando al final se impuso que las letras más santas
ahora sean apócrifas por los terribles siglos venideros.
Mas los has perdonado y la Literatura continúa.
En el nombre de Aldus,
de Nebrija
y de Alfonso X, el Sabio.
Amén.

Aquí sobrevivimos

Pobre fonema /tʃ/

Pobre fonema /tʃ/, ahora responde
a dos jefes distintos.

Anduvo tanto tiempo de la mano de la che
y su santo misterio
de ser sólo una letra en dos grafías.

Pero cambian los tiempos
y el globalitarismo se impone sin remedio.

Hoy tiene que vivir en dos viviendas,
amar a dos amadas en matrimonio impuesto,
y servir a dos amos:
a la hache y a la ce rendirles cuentas.

La ce se contradice;
quiere imponer sus golpes explosivos detrás de la garganta;
otras veces nomás anda ceceando
o serpentea entre dientes como la ese.

La hache, en cambio, escucha cuanto dicen,
acaso da un suspiro
y se deja llevar por las palabras.

No siento más que pena por la [t͡ʃ] y por nosotros,
que de un momento a otro nos pasará lo mismo:
tendremos que adorar a Dios y al diablo
si así manda la RAE en su gramática
por un capricho más de sus gramáticos.

De todo se consigue

Tras ser descontinuadas,
la che y la elle ahora se consiguen
en el mercado negro.

Tienen mucha demanda
sobre todo la che,
indispensable
para mentar la madre en el país.

Y la gente asediada por los bancos o los zetas,
las masas desempleadas, sollozantes,
necesitan a la elle más que nunca.

Las imprentas pirata ya no se dan abasto.
Los ambulantes son los nuevos héroes.

En tanto, los dragones de la RAE,
aún con el apoyo de la AFI
y de las policías municipales,
ya tiraron la toalla.

ME LA ENCONTRÉ BRILLANDO

El paisaje era hermoso
a pesar de las latas de cerveza y Coca-Cola
que bordeaban el sendero.
Allí entre la basura, junto a un árbol,
vi brillar un objeto. Era la che
—las cosas que uno encuentra— una che clásica
original, radiante, como nueva.

Hoy la exhibo en mi estudio, bajo llave,
pulida y enmarcada.
Quizá deba donarla a algún museo
o incluso devolverla
a su medio habitual: el alfabeto.
Jamás me dejarían, además de que el INAH
podría confiscarla.
A su lado ya tengo construido
el nicho aún vacante de la elle.

Emblema futurista

Hallaron los arqueólogos
un extraño artefacto hecho de tinta
que los dejó perplejos.
Al mirarlo un paleógrafo,
reconoció que era la antigua che,
un signo muy valioso en el alfabeto arcaico:
—Era su cuarta letra —relató—,
hasta que fue abolida abruptamente
al comienzo de la era de la Disolución,
un oscuro período de la Historia
del que no registramos más que calamidades.
Mi tesis doctoral, curiosamente,
la basé en esa letra
—rio—
y aquí la traigo
tatuada, desde tiempos de estudiante,
en la muñeca izquierda.

Archivado en un chip

"Tomemos por ejemplo a los humanos,
que hablan tantos idiomas
y cada idioma tiene sus dialectos,
sus hablas, sociolectos, idiolectos,
tonos, jergas... Toda esta diferencia
es su mayor tesoro;
cada hablante,
con su cuota de rasgos dialectales,
contribuye
a enriquecer el todo,
al idioma en su más amplio sentido,
y a la vez, a la raza humana entera.
Lo mismo con las formas de vida inteligente
de todas las galaxias conocidas.
Mira, lo digo yo que soy robot."

Esta fue la respuesta de C3PO
luego de que R2D2 chirriara impertinente
que todo ser pensante,
positrónico, orgánico o sintético,
debía utilizar un mismo código
de melodiosos tonos y silbidos;
que la uniformidad era el Progreso,
y que todo universo debía estandarizarse
para darse a entender en el Imperio
como la Fuerza manda.[1]

---

[1] Esta conversación tuvo lugar en alguna galaxia muy lejana, hace muchos milenios, cuando el emperador de aquella era impuso por decreto la prohibición de dígrafos en cada territorio del Imperio, según la información recuperada de un chip en los archivos del museo arqueológico interestelar.

Ya llegaron por fin la che y la elle

Ya llegaron por fin la che y la elle.
No fueron secuestradas,
tampoco despedidas
ni jamás renunciaron o murieron
ni fueron al exilio, como dicen.
De hecho,
ya aquí vienen.
Vi lo que les pasaba; yo iba detrás de ellas.
Es muy simple: a toda la redonda del Idioma
no hay dónde estacionarse.
Las vi seguir derecho
con el tremendo tráfico, sin suerte.
Yo doblé en una esquina y avancé veinte cuadras
o cuarenta.
No había ninguna *u* para virar;
así que me seguí hasta la isoglosa detrás del periférico
donde encontré un espacio.
Y luego, los camiones no paraban.
Así se me fue el día.
Por suerte, pasó un taxi que me dejó en la puerta
—me costó la mitad de mi quincena—
ahora que las luces comenzaban a encenderse.
Las vi bajar de un taxi a ellas también,
que las dejó aquí enfrente.
Ahora sólo falta que crucen la avenida.
Y ya empieza a llover.
Espero que no arrecie,
que el Idioma se inunda en un minuto.
Ahí cruzan un carril.
Hay que exigir de nuevo ese puente peatonal.
Ya vienen. Y los coches van volando.
Para qué tanto claxon.

En este cruce hay accidente diario.
Ya no aguanto los nervios.

Te lo dije.

¡LLAMEN UNA AMBULANCIA!

Sólo cruzaban la avenida Itzaes.
Habrase visto modo más triste de morir.

Padrenuestro de la elle y de la che

Padre nuestro, que en ti mismo subsistes
pensado, dicho, escrito eternamente
más allá de la Academia
y de las academias reales o plebeyas,
ya que no necesitas que te limpien
te fijen
o te den esplendor los fariseos
con rostro de sepulcro de páginas blanqueadas.

Santificadas sean todas y cada una de las letras
de tu nombre infinito.

Venga a nosotras, las fieles che y elle,
el Paraíso perdido nuestro,
ese jardín perfecto de 29 espejos
mancillado por sacrílego dictamen
en la tierra de Berceo
invadida del celo renovado
de Fernando e Ysabel
que hoy día nos expulsan de su reino
—ahora, en pleno siglo XXI—
en vano afán de uniformar criterios
en esta triste Era del Mercado Universal.

Hágase hoy según tu voluntad
como la del hablante y escribiente orgullosos de su idioma
y no la de tecnócratas que juegan a lingüistas
ganándose la vida de escribanos
cegados por su tinta,
artistas de su ego,
opinadores en la sobremesa
en donde se prescribe nuestra suerte.

Devuélvenos un día el escaño arrebatado

como sagrario de nuestros fonemas.
No permitas que digan, los que dicen,
que una letra equivale a una grafía,
si no existe razón para que a un dígrafo
lo despojen de su dignidad de letra.

Y líbranos de un mal habido juicio
en el uso de todo el mundo hispánico.

Todo está consumado.

Aleph, principio nuestro,
no dejes que la Historia los absuelva
ni que resulten ellos
quienes escriban nuestros epitafios.

Epitafios de la elle y de la che

(Este libro también lo hace el lector)

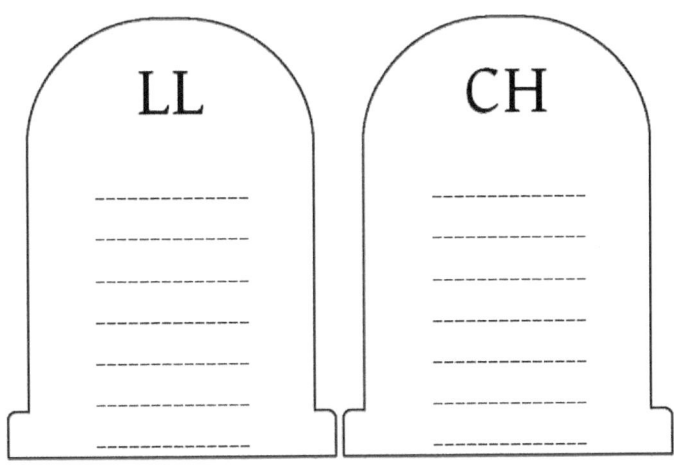

¿Dicen que falsa alarma?

Restituyen a la elle y a la che

Habrá sido un mal sueño,
una mala pasada de Santos Inocentes,
un chascarrillo de las cacademias
sin poder decidirse
al debatir la suerte de las letras
entre el Tequila Express
y el menos dionisíaco Camino de Santiago,
parando en San Millán por unos Riojas
en escala de rigor.

Que ya las restituyen sin bombo ni platillo,
que ya las reivindican con voz de qué remedio,
que ya las resucitan sin darles de comer,
que ya las basifican por decreto
o por dictamen de los tribunales,
después de tantos siglos.

O sea, que sus cheques ya no tendrán retraso,
alcanzan prestaciones decorosas,
aguinaldo completo, vacaciones pagadas
y derecho a sindicato o a renunciar a él.

Pero entonces, ¿a quién extorsionaban?
¿de quién era esa carta llegada del exilio?

¿a quién atropellaron?
¿quién se me aparecía por las noches?
Podría ser cualquiera
de los muchos millones de este pobre país.

Con ya tantas versiones, no sé ni qué creer,
y lo mismo le pasa a tanta gente de la que más opina,
que como en toda ciencia, es la que menos sabe.

Que viva el alfabeto
de veintinueve puertas como espejos
con virgulillas, dígrafos y puntos,
con sus vocales, pocas pero honradas,
y sus muchos fonemas consonánticos,
los de aquí, los de allá…
con las teclas de más que necesiten
en teclados vernáculos.

Y con el ojo atento
a otros atentados
como el de los banqueros que todo lo *aperturan*,
el de los informáticos que todo *particionan*,
el de los dobladores cuando doblan
en su robotizante *doblañol*
y los lingüistas anglos sin estilo
que se empeñan en "preguntar preguntas",
en imponer su *v*e labiodental,
en llamarle *present perfect* a nuestro antepresen…
¡Ejem! "Pretérito perfecto compuesto", por favor.

Y vivan los hablantes no nativos:
estudiantes anglófonos que leen literatura castellana
más que muchos nativos.

Y vivan los acentos y rasgos dialectales
de todos los paisanos del Idioma
que sesean, cecean o distinguen,

y que eliden o aspiran según su habla local
o vosean, tutean, twitean, todas, todes...

Brindemos con un Rioja aquí también
a la salud del alfabeto entero
aunque haya quien presuma
de llevar bajo el brazo el mejor español
—sus disparates diga muy bien dichos—
y quienes aseguren que la lengua de Cervantes
—a quien nunca han leído—
es la lengua más chevre del planeta,
en tanto la destazan, la fríen en manteca
y la comen en tacos sin mayor miramiento
y luego van al baño a lo que sigue.

Ya qué importa. Hoy celebro
que la elle y la che ya están de vuelta
y a quien no le parezca
que se vaya con esos banqueros,
informáticos, lingüistas sin estilo,
dobladores, etcétera
a casa de la ch...
o de la elle
y les den un fuerte abrazo de mi parte.

A menos que resulte que el sueño
era este
y la *guerra florida* de las letras no haya visto su fin.

Juicio de amparo

C. JUEZ DE DISTRITO EN TURNO EN EL IDIOMA CASTELLANO

LETRA CHE, hispana por nacimiento, mayor de edad legal, unida en amasiato de las grafías ce y hache, de profesión custodio vitalicio del fonema /ʧ/, natural y vecina del idioma castellano, con domicilio legal para oír y recibir toda clase de notificaciones en este asunto en el predio sin número, entre la ce y la de, alfabeto castellano, y conforme el artículo definido masculino singular de la Ley de Amparo en vigor, autorizo para que en mi nombre y representación reciba y oiga las mismas al Licenciado PEDRO PÉREZ, cura de Algún Lugar de La Mancha, y/o GINÉS DE PASAMONTE; ante Usted con el debido respeto que se merece comparezco y expongo:

Que vengo por medio del presente memorial, por mi propio y personal derecho, a solicitar la Protección de la Justicia Divina en contra de las autoridades que seguidamente paso a relacionar, por violación del artículo definido neutro Constitucional.

BAJO PROTESTA DE DECIR VERDAD: Manifiesto que todos los datos y antecedentes que obran en esta demanda son ciertos y verdaderos por constarme cada uno de ellos.

NOMBRE Y GENERALES: Arriba ya están indicados.

TERCERO PERJUDICADO: Considero que en el presente caso lo constituyen las veintidós academias de la lengua española, representadas por el Generalísimo Francisco Franco y/o los Reyes Católicos Ysabel e Ferdinando, en el Juicio Extraordinario número ∞, radicado en el Juzgado Cero de lo Senil del monasterio de San Millán de la Cogolla, en domicilio conocido de La Rioja, ¡Salud!

ANTECEDENTES: Que con motivo de un Juicio sumarísimo promovido en mi contra por la Comisión Interacadémica de la Asociación de Academias de la Lengua Española y cursado ante el Juzgado Cero de lo Senil del monasterio de San Millán, fueron disueltas las grafías ce y hache de mi legítima propiedad, siendo que dicho Juicio fue radicado ante ese Juzgado bajo el número 28 (en honor del Día de los Santos Inocentes), del que me enteré por medio de la prensa, y siendo también que por la sobredicha disolución de mis grafías, se declara el cese de mis funciones como letra del alfabeto, por lo que se violan en mi perjuicio mis garantías alfabéticas y la legalidad, al haberse incurrido en violación a las leyes laborales y de procedimiento.

AUTORIDADES RESPONSABLES.- Señalo como tales los Reyes Católicos (como autoridad ordenadora y representantes de las 22 Academias de la Lengua Española) y al Gral. Francisco Franco (como autoridad ejecutora), ambos con domicilio ampliamente conocido en el noveno círculo del Inferno.

ACTO RECLAMADO.- 1.- De los Reyes Católicos Ysabel e Ferdinando: a).- el Auto de fecha 28 de diciembre del año 2010, dictado en los autos del expediente número **28** mediante el cual **AUTORIZA LA DISOLUCIÓN INMEDIATA** de las grafías de la suscrita, así como el **CESE DE ACTIVIDADES LABORALES SIN PAGO DE LIQUIDACIÓN**; y 2.- del General Francisco Franco, la ejecución y empleo de la Fuerza Pública, en caso de ser necesario, para llevar a cabo la disolución.

GARANTÍAS CONSTITUCIONALES VIOLADAS.- Se viola en mi perjuicio el Artículo Definido Neutro Constitucional, que preconiza las garantías de identidad y diversidad lingüística respectivamente, al haberse incurrido en violación a las leyes del inclusión y tolerancia exigidas por nuestra actual Era Posmoderna.

CONCEPTOS DE VIOLACIÓN.- Se viola en mi perjuicio las garantías de identidad y diversidad lingüística y del debido proceso legal que preconiza el Artículos Definido Neutro Constitucional, contrario a lo que resuelve la autoridad responsable (ordenadora) al dictar su resolución de fecha 28 de diciembre de 2010, mediante la cual **AUTORIZA LA DISOLUCIÓN INMEDIATA** de la suscrita, así como el **EMPLEO DE LA FUERZA PÚBLICA** en caso de ser necesario y el **CESE DE ACTIVIDADES LABORALES SIN PAGO DE LIQUIDACIÓN**, violando de esta manera la obligación que se impone a las Autoridades de fundar y motivar sus resoluciones, omitiendo la Autoridad Ordenadora cumplir con las formalidades esenciales del proceso, por lo que se ocasiona un perjuicio a mis citadas garantías constitucionales.

SUSPENSIÓN.- Solicito se me conceda la suspensión provisional y en su oportunidad la definitiva del acto reclamado, hasta en tanto se resuelva el fondo y ejecutoria de este amparo.

FUNDAMENTO DE AMPARO: El Artículo definido masculino singular, veintiúltimo párrafo y demás relativos a la Ley de Amparo en vigor, cantados en balada ranchera por la simpar Amparo Ochoa.

Por lo antes expuesto y fundado;

A USTED C. JUEZ DE DISTRITO, atenta y respetuosamente pido: Se sirva tenerme por presentada con este memorial a través del cual solicito el Amparo y Protección de la Justicia Divina, sea admitido en los términos apuntados y una vez esto, se pida a las responsables sus respectivos Informes Previos y Justificados, se señalen fechas y horas para las audiencias de ley, al tener lugar la audiencia incidental se me conceda la suspensión definitiva y al llevarse a cabo la Constitucional, se me conceda la Protección de la Justicia Divina solicitada.

Protesto lo necesario en la ciudad de Berceo, La Rioja, a los 32 treinta y dos días del mes de diciembre del año 2010 dos mil diez.

LETRA CHE

Guadalajara

En la FIL, magna feria de las letras,
el 28 de diciembre
se perdió la batalla decisiva
por la supervivencia de la elle y de la che.

¿No fue en diciembre? Es cierto, fue en noviembre.
Es que parece broma de Santos Inocentes,
una mala pasada de los Tecos de la UAG,
del neoliberalismo de ojazos tapatíos,
del Teletón y de las Academias.

Durante el pandemonio,
la FIL fue un tallereo de epitafios
alumbrados con piras funerarias.

Pasado el trago amargo,
Guadalajara resultó ser tierra
donde se dan las letras
a las fieras.

Sumamente divertido, este libro no se limita a una serie de juegos de ingenio, sino que los incorpora, sin rubor (recordemos que lo solemne goza de un extraño prestigio en nuestra poesía) a la composición de una obra que acertadamente discurre por el tono de la enunciación coloquial, pero con una gran habilidad retórica y técnica en su composición (pienso en Renato Leduc, por ejemplo). El empleo de diferentes formatos textuales (verso, documento legal, petición, nota crítica) es pertinente y muy certero.

Ángel Ortuño (Guadalajara, Jalisco)

La semana de 29 espejos
(un semanario de metapoemas)

"Non façe ni una mofa   el género satírico
únicamientre mostra   lo que es en sí ridículo"

Libro de Buen Humor. Tirada XXIX

Apéndice anterior

Decálogo de quien se topa con quien se dice poeta

1. Quien se atreva a decirte lo que es la poesía, miente. Siempre habrá poesía ya canónica y antologada que contradiga cualquier definición.
2. Si tu novix te sale con metáforas, nunca des por sentado que es poeta.
3. La metáfora no es restrictiva a la poesía; nació en el territorio de un principado vecino: la Retórica.
4. Si tu novix insiste en que es poeta, pon en duda su integridad moral.
5. En la taxonomía de la metáfora, hay muy buenos ejemplos para usar en el poema. También fuera de él.
6. En la tipología o bestiario de los "poéticos poetas" —como Parra diría—, están quienes tristemente prefieren la Política que las propias Retórica y Poética.
7. También habrá poemas que no tengan metáforas ni otro tipo de tropos y figuras. Hay incluso que no tienen palabras.[2]
8. También habrá poetas que sepan caminar entre el *arte* y el *poder* sin ensuciarse. Dos o tres en el mundo, quizá cuatro.

---

[2] Nota para antes de rasgarse las vestiduras: Desde los concretistas brasileños hasta la poesía sonora, la performática, la multimedia... hay cantidad de tendencias, ya antologadas, ya canónicas, de poesía que prescinde de palabras. ¿Y quién es quién para decir que no es poesía?

9. En una caja amanecía un mango. Al ver la fría imagen, se disparó mi sed, compré la caja y la vacié en mi boca. ¡Ahhhh! No sólo los poetas y retóricos —también los publicistas— dominan la metáfora.

10. Quien te haga vibrar con sus palabras, metáforas o imágenes, quizá sea publicista. O puede que de veras sea poeta.

Primera jornada

> *…el tiempo recomienza cada lunes*
> *(algo así decía Eliseo).*

Todo comienza. Es lunes sin remedio.
Lo dicen la TV aún apagada,
los bultos de periódicos atados en la acera,
y la bomba de tiempo cotidiana: mi radio
que de un bostezo a otro
me hostigará con guerras y catástrofes.

San lunes, dicen,
será por la cruzada a la que exhorta
contra la redención de mi silencio.
Y contra mis pestañas, el sol impertinente
con incrédula cara de "¡BUEN DÍA!"

Bueno para un café. Si tan solo pudiera levantarme
pues ya la calle aguarda
los cláxones, el humo, los neumáticos
que dan marcha este día
a interminables rostros con gesto de homenaje.

Tambores y cornetas de una escuela vecina
me uniforman el paso debajo de la almohada.

Mi amor cívico es otro: mi bandera
es la sábana fiel con que me envuelvo
para arrojarme al agua del origen;

el manantial de ideas
que quizá llegarán a ser papel,
el eco de la noche que todavía palpita,
la olvidada placenta de los párpados
ajena al precipicio de la nueva semana por delante…

Hoy entiendo por qué mis ojos menguan
y la luna se oculta de los lunes.

Segunda

Mardi gras

Ya martes y la guerra continúa
con el dolor del alma entre los callos.

Martes 13, 14… lo que sea,
en su lento desfile
por el cuaderno en blanco de lo que llaman vida.

Ya de nuevo la fiesta de líneas y borrones,
serpentinas de aliento, gorgoritos al aire
que desafían el alba y la conciencia,
se mofan ante el llanto gris del lápiz,
se escapan y celebran
acaso la victoria del sol sobre el silencio
o haber sobrevivido el calor del primer día.

Ya martes de caretas,
de emputarse ante la hoja y sonreír para otros,
pero con tantos días aún a cuestas
en mis zapatos siempre es *martes gordo*.

Homenaje a la hache

Le rinden homenaje a la letra hache.
Le entregan un diploma
y pronuncian discursos alusivos
a su impecable formación fonética,
su histórica prudencia y abnegación de siglos,
su lealtad y servicio
a nuestra agradecida Patria del Idioma.

Le piden que hable y cuentan
que fallaron los micrófonos porque nada se oyó.

Los honorables miembros del Consejo y demás autoridades
quieren posar con ella en cada foto.

En tanto, las bandejas de vino y bocadillos
se vacían a todo el rededor, sin detenerse
al alcance de la letra homenajeada
que al fin toma su taxi aspirando una sonrisa
mientras los reporteros entrevistan
a las embajadoras de los clubes y gremios.

Por unanimidad, al mes siguiente
se ha decidido homenajear al cero.

Tercera

En efecto, *sucede que me canso...*

Miércoles otra vez que me recuerda
a aquel cisne de fieltro en algún archivero encarpetado,
veintitantas canciones de amor que no soporto,
una guitarra, un callo adolorido...

El trabajo redime ciertamente, de pensar
cojudeces como tú,
sin ventanas para tirar tu nombre a media calle,
sólo paredes grises, prefabricadas
como mi pensamiento
que podría tumbar de un puñetazo.

Es miércoles. Y nada de ceniza.
Ya ni la taza humea
ni queda el carnaval de los recuerdos
de lo que pudo ser si tú,
si yo, si el cielo o la oficina... Día mediano
en perfecto equilibrio entre bostezos,
y lámparas que opacan el hastío detrás de los paneles.

Miércoles de Cuaresma, purgatorio de un día

que se va haciendo eterno desde hace muchos miércoles

con la esperanza apenas de la noche,
la hora de salida,
víspera de otro jueves plano
como la hostia.
¡Miércoles!

Quemen este poema

Quemen este poema, ya está impuro
—amén de que venga forrado en celofán intacto
o de que sus lectores sean de guante y cubreboca—
porque ha quedado sucio
de pensamiento, palabra, verso y edición. Y todo por mi culpa.
Mi conciencia también se habrá manchado
del polvo de la imprenta. Hoy he perdido el cielo
y merezco el silencio, el olvido.

Usted, lector, es cómplice. Pero aún está a tiempo:
lávese bien las manos, tállese con alcohol entre uñas y pestañas,
que sus dedos y ojos han tocado este poema.
Sólo espero que no se haya atrevido
a leerlo en voz alta o aún peor,
que no se hayan expuesto sus oídos
al acto imperdonable de escucharlo.

Instrucciones para atrapar el día

"Y, la primera ley, creador: crear"

Rubén Darío

Levante bien los párpados justo al abrir sus páginas el alba. Sostenga una silueta, la primera visible, y amárrele a la orilla del sueño que recuerde, que se irá deshilando en imágenes y rostros. Sujete bien el hilo y eleve la silueta más allá de la ventana, sobre las tenues ráfagas de sombra, hasta ser atrapada por el soplo magnético del sol, pues volará más alto vuelto luz. A lo blanco y profundo del crepúsculo, al reventarse el rayo que lo une al horizonte, el día lo habrá absorbido (al usted que más desee).

   Hágase todo esto al comienzo del próximo hoy (jamás mañana, so pena de persistir la duda de que todo sea parte de aquel sueño). Desagüe los residuos de ayeres indeseables, dése el regaderazo de todas las mañanas y salga más temprano. Salga ahora.

   O quédese y escriba su gran obra. No hay pretexto, el día es todo suyo.

Cuarta

Salud y buenos días

El jueves te lo bebes de golpe desde el amanecer.
Es su paso a través tuyo lo que consume el día:

Irrita la garganta dejándote con triste voz de jueves.

Se desploma al estómago,
se retuerce en los ácidos que producen el éter
característico del olor a jueves.

Prosigue cuesta abajo,
recupera su esencia al acendrarse,
intoxica la sangre hasta el crepúsculo.

Ya qué de santo, pues, le queda al jueves
que no tenga el arsénico, el cianuro,
la hierba o el alcohol del más corriente,
el excelso fragor de lo que resta
o el mariscoso aliento de los viernes.

Oración del pequeño dios

Padre nuestro que dejaste en nosotros
la encomienda sagrada de nombrar
y nos alimentaste de aquel fruto prohibido
del arcano jardín de la palabra, su milagroso Verbo,
la sílaba jugosa, pecaminosa, dicen,
para que conociéramos lo que es ser como Tú
que en seis días creaste el universo con tu divina voz…

Que nazca de nosotros el aliento,
que afluya de las aguas más profundas
donde también bebieron otras voces
desde el rey Salomón y sus ancestros.

Concédenos la gracia de una buena lectura cada día.
Perdona lo que dimos a la imprenta sin haberlo dejado madurar
en las barricas de la inteligencia,
así como aceptamos sin remedio las erratas que no tienen perdón.

No nos dejes beber en demasía de tu sangre redentora
hasta creer que toda palabra nuestra es voz divina.

Y que el tiempo, juez último y terrible,
de nosotros se apiade y nuestros textos la salvación merezcan
de convertirse en polvo entre oscuros anaqueles
o las llamas eternas del olvido.

Salmo

Dichoso aquel poeta que renuncia
al triste crepitar del ermitaño,
al elocuente dogma del ateo,
al orden casi fúnebre de la hoja membretada,
al chapoteo en ciénegas de asfalto,
al falsete de los machos cantores en sus tonos de gris,

mas encuentra deleite en la voz que conlleva
la esperanza de tierras prometidas
y los soles del sueño, la mente en plenilunio,
el zambullirse de ojos entre uno y otro verso
a la salida y puesta de las páginas.

Será como una selva
reflejada
en el lenguaje que la mantiene verde,
próspera de jaguares, zarigüeyas, cenzontles
y demás zoología de las ideas
que de su aliento afluyen.

No así los pastizales que de un soplo se pierden
por la colilla suelta del escriba con rostro de desierto,
que trabaja con humo y cuyos libros
se habrán vuelto ceniza
antes de ser escritos.

Auto de fe

Si has de participar en el concurso,
tienes que estar inédito
y no podrás decirte ni en la radio
ni en tu blog personal,
ni por señales de humo ni de tránsito,
ni a tambores. No podrás ni pensarte
ni soñarte,
ni leerte a ti mismo,
ni a tu aura, ni a tu sombra,
ni las líneas de tu mano,
pues debes ser inédito hiperrigurosamente.

Ni te atrevas a ir en pos de los lectores.
Mejor será guardar la compostura,
y mantener la fe:
ir a sacarte copias en completo sigilo,
revestirte de buen engargolado,
y pagar lo que cueste,
como todas las gentes que se envían de todos los rincones:
docenas, centenares quizá, de perdedores
(por cualquier circunstancia, perdedores),
arrojados al fuego después de cada laudo
como lo indica la convocatoria
(eso sí, siempre inéditos. Total, quién los leería),
como en los buenos tiempos
de los autos de fe.

Mas no pierdas, poeta, tampoco la esperanza
de alcanzar la unidad
(ser ese uno)

elegido por los coros celestiales
para alcanzar la gloria del aplauso
al momento de recibir el premio
y de ser publicado en nuestras páginas,
si aún nos queda vida, pocos meses después.

Quinta

El día del Buen Salvaje

El fin comienza el viernes
aunque no crea en alfas ni en omegas,
en muros ni fronteras, en la Muerte,
el punto final
o el desbordante filo de la hoja.

El borrador del lápiz no es el fin
ni su punta el origen
aunque ambos se desgasten de tan larga la noche.

Y el sueño nunca acaba, muy a pesar del sol.

Hay quienes van en cuadros sin hallar el final de las aceras
o la línea que los hará inmortales,
mientras otros,
rutinarios lectores de la vida,
ávidos de algo nuevo,
agradecen incluso que sea viernes.

"*You're welcome*", dice Dios, al perfumarse
la barba y descender
—angelical incógnito de los templos nocturnos—
a festejar el fin entre mortales.

Cómo domar una palabra brava

Llévela a una playa desierta o a la plaza más céntrica. Repítala en voz alta al calor del mediodía. Erúctela, atragántela en las olas o fuentes. Déjela corretear las campanadas o arrullos de paloma que puede ser gaviota. Que sus ecos se pierdan en el flujo del viento o la conciencia, del habla o la marea. Se encontrarán de nuevo. Ya cansada, no tendrá que cuidarse de acres fricativas ni esquivar sibilantes. Sin hacerse difícil, en una bocanada será suya.

Copy, Cut & Paste

\<Control\> \<C\>
\<Control\> \<X\>
\<Control\> \<V\>

Puedo editar el mundo: copiar historias,
pegarles un final a la medida,
cortar a los amigos de cuidado, verdades sospechosas,
resaltar de un jalón a los políticos,
sus promesas y buenas intenciones…
moverlos a otra página
o dejarlos flotar entre los párrafos,
en el limbo de la memoria RAM.

Al reiniciar el día, será todo perfecto.

Ya está hecho.

Ahora los artistas se aman como hermanos,
el público hace cola para comprar poesía,
sólo hay buenos poetas,
la vida es un reflejo del teatro
—los teatreros recobran su optimismo—,
hoy abundan los periodistas cultos
y críticos de base en los periódicos.

La crisis es historia.
No hay guerras ni suicidios.
Hay puentes peatonales en todas las esquinas.
Ya nadie acciona el claxon
y no hay frenos chillones ni mofles averiados.
Las cantinas se volvieron bibliotecas.
Las cárceles son centros culturales.
Nadie fuma. El café y las gaseosas boyantes en azúcar
no se venden ni en el mercado negro.
La sátira se ha vuelto de mal gusto.

Me estoy empalagando.

¿Cómo? ¿Se guardaron los cambios?
No funcionan <escape> ni <suprimir>.

Todo está consumado.
Ahora vivo en un mundo empastelado.[3]

---

[3] Empastelar: (imprenta) Revolver los tipos de un molde de modo que no formen sentido (DRAE).

LA NOVEDAD NOMBRADA

ut videret quid vocaret ea

Génesis, 2:19

La nueva realidad necesita palabra que la nombre.
Acude a las oficinas del Idioma
a encarar los eternos "No se puede",
"Eso va a estar difícil",
"No se encuentra el Director que lo autorice".

Luego de oficios, cartas, colas, cabildeos,
por fin es atendida
y en un acto solemne le conceden
una vieja consigna con fonemas finamente remozados
que habrá de compartir con una escuela, una estancia,
dos o tres oficinas de gobierno
más algún sindicato,
pues las autoridades del Idioma
son diestros en el arte de complacer a todos.

Por eso la consigna con la que ha de nombrarse
luce logos y emblemas de distintos colores.
En efecto, tiene varias entradas y acepciones
en el *Nuevo diccionario*
donde halla democrática acogida.

La huelga de las letras

Las letras no tenemos vacaciones,
mucho menos pagadas.
Y del contrato anual... ni lo he firmado.
Somos letras jornaleras.

No ha habido nuevas letras en setecientos años.

Cuando una letra nueva solicita contrato,
debe jugar sus cartas: de recomendación y de salud
como de antecedentes no penales.

Las letras que conforman la palabra *Cervantes*
no serían admitidas por ser excarceladas.
Tampoco las de *Rilke*, por su salud endeble.
Vallejo, ni se diga.

Verá pasar en vilo quincena tras quincena
antes de recibir su primer sueldo.

Por eso muchas letras tienen otros trabajos:
en las tardes, la a es preposición,
la o y la u, flamantes conjunciones
y la y, además, ya tiene base,
con la x y la z,
en el Departamento de Asuntos Algebraicos
y en varias estaciones radiofónicas, junto a la w.
Por su parte a la ñ ya quieren aplicarle jubilación temprana.

Convoquemos un paro general.
Sólo así escucharán nuestras demandas.

Volvamos todo al caos del origen.
Les será literalmente imposible
explicarse de dónde les devino el silencio sepulcral.

Sexta

A las cero del sexto
el Verbo más activo
              —ocioso—
inventó un nuevo acto
               —amar—
sobre la Tierra.

Unas púberes manos la palparon.

Entre higos y dátiles pasivos,
la cópula
      —verbal—
               por vez primera
entre ver y sentirte
            se hizo carne.

Sigiloso aquel Verbo
inundó sibilante la conciencia de tierras prometidas.

Lo que llaman Edén fue castigado
con ráfagas de arena.

Y se hizo la espera.

Credo

Igual que Dios, las musas, al nombrarlas, existen.

Después de todo hay algo en lo que creo,
una sola presencia que venero, aunque no pueda verla ni tocarla,
aquello cuya voz se revela a medianoche,
mi ángel de la guarda —¿me está oyendo?—, ese Dios tan lejano,
pero no creo en ángeles ni dioses ni demonios
sino simplemente...

Sediento por la muerte de los arcanos dioses y sus mitos
gozo de la llovizna que aceleró tu vuelo,
el brillo aún en mis ojos de tus labios,
la mirra en las pestañas,
la luz atada al faro que evidencia la calle tan vacía.

Creo en tu pensamiento que me busca
dondequiera que te encuentres,
en todo lo que alguna vez creaste con tu solo susurro,
en aquello que abarca tu presencia:
los mundos que escribimos,
las paredes que velaron nuestras noches
y hoy guardan el secreto como silentes páginas
a la humeante sombra de la duermevela.

Cómo acaso dudarte
si bien puede mi fe mover tus pasos,
puedo invocar tu nombre como ahora
que atraviesa tu aliento las paredes,
te asomas a la hoja, aún en blanco,
y llegas a mi oído en el único momento
en que logro vagamente sonreír.

Recipe for Everlasting Love

> *"Venus y la Fortuna alientan y protegen siempre a los audaces"*
>
> Ovidio

Las fiestas y reuniones, los circos y teatros… puede ser efectivo todo eso, pero, de vez en cuando, un manojo de puestas de sol o amaneceres, a la orilla del mar, alberca, estanque… matizará el sabor. Envuelva las situaciones en servilletas que absorban cada gota de rencor y melodrama. Agréguese una pizca de eternidad al gusto y porciones generosas de atención a aquello que su amor tiene siempre que decirle. Exprímale la vida pero no con mucha fuerza. Una sonrisa al gusto, de cualquier marca sincera, lo hará cuajar.

No lo hierva ni fría. Déjese al contacto con la piel pero nunca por demasiado tiempo, o puede avinagrarse. Jamás lo recaliente en microondas.

Explore y modifique los pasos por el tiempo que desea que su amor eterno dure. Recuerde: en el amor —como en la literatura— no hay nada escrito.

Se hizo la luz

La vez que saludaste a Coral Bracho
pensando que era mi madre,

o cuando te afligiste por la muerte inminente
de la abeja que dejó su aguijón bajo tu piel,

cuando dejaste la casa hecha un desorden
inundado, como ahora, de tu encanto,

cuando el sacerdote se te hizo tan interesante en aquella boda
que la fila entera se rio contigo,

cuando tu amiga de infancia intentó besarme
y tú te limitaste a sonreírle con la mística ternura de una imagen,

cuando me despertaste para decirme
que no podías dormir sin mi aliento aleteando en tu cabello,

cuando saliste fea en aquella foto
por alguna razón inexplicable...

Fue entonces cuando supe.

Cómo hallar la pareja ideal de un sustantivo

Enjuague el adjetivo muy temprano, en un manantial de balbuceos de niña melindrosa o de un niño no circuncidado, y séquelo a la luz de la luna creciente recién amanecida, en las ramas de una ceiba aún verde con las vainas abiertas.

Vuelva a casa evitando las aguadas y brocales de pozo. Ahora podrá usted insertarlo a cualquier frase sin lastimar su oído ni herir buenas conciencias. Déjela que repose en un espacio libre de humedad. Si a la noche siguiente el sustantivo en la frase aún palpita, quizá su acompañante le funcione.

Y recuerde: no hay malos adjetivos, únicamente malos balbuceos.

Creerán que soy un ángel

Le hice a Dios un trabajo de corrección de estilo.
Entre sueños señalé las erratas
del Alfa milenaria al ya cercano Omega aún en construcción.
Vi el Universo, hecho a la carrera.
Había muy poco amor en largos párrafos del devenir humano.
Los errores más graves eran los de conciencia
pero estos los dejé sin señalar
pues no era mi función; total
los actos, quiéralo o no, son indelebles.

Hoy me revela un ángel
que mi cheque no va a salir aún:
debe ser aprobado por San Pedro,
quien heredó de Judas las cuentas celestiales,
y que, en cambio, mi paga será eterna
cuando haya concluido la Creación.
¿Y mientras de qué vivo,
qué como, con qué pago la renta y el transporte…?
¿Quién me redime luego del purgatorio de un buró de crédito?

Ahora entiendo por qué dicen que somos
a imagen y semejanza del Creador.
En la Tierra es igual. Pero ya no muevo un dedo.
Eché al fuego el trabajo corregido
y que vean cómo le hacen.

La Humanidad que se corrija sola
si cree en un Destino
mal escrito en algún idioma muerto
con principio y final impuestos desde lo alto,
en la espiral eterna de los tiempos
en donde no interesa en lo más mínimo
si me pagan o no.

Lucky Number

Qué diablos significa que sea domingo siete

Sin principio ni fin no habrá descanso.

Ya bien resucitado, retomo la lectura
sediento y con las ánforas vacías.

Quiero beber, mas no del mismo cáliz de todos los ayeres.
De tu fuente de ideas, mujer, que no florecen; tu voz que
                                               [nunca llega.

El libro me recuerda algo que ardía en la calle.
"Quemen este poema", sería un buen primer verso.

No sirve el sacapuntas. ¿Que quién salió preñada?
A ver si en nueve meses el cuaderno ya habrá parido algo.

Otra vuelta de página. Se enroscan en mi mente
unos frisos de piedra con serpientes mordiéndose la cola.

Siento el culo del lunes en la cara
y setecientas páginas en un paquete en blanco.

Hoy no es ningún descanso ciertamente…

es
un
nuevo
borrón
y
c
u
e
n
t
a
g
o
t
a

s

Una cuestión urgente del Idioma

Nos dicen que ahora somos veintisiete
—se nos rompieron dos; nos los rompieron—,
que ahora somos más globalizados
y más universales, por asimilación.

La ele se levanta.
La ce está boquiabierta.
La hache ha prolongado su minuto de silencio.
La eñe, nuestra antigua geminada,
eleva su pancarta por las calles de Madrid…

Y la che se ha marchado.   La elle va con ella.
Lloraron cuando Burgos   les cerraba la puerta,
mas tras haber jurado   lealtad a sus fonemas,
Hoy siguen reflejándonos   desde la disidencia.

Siete años de infortunio nos aguardan
por cada identidad interrumpida;
dos lustros, casi tres más
de violencia,
secuestros, desempleo, desmemoria
y el llanto por la suerte de dos letras hermanas
que hoy arrastran su brillo fragmentado…

Y qué buenos vasallos. Si tan solo
oviessen buen señor.

La caída de Adán ante mis ojos

Eva muerde el fruto,
le sonríe a la serpiente,
abre los ojos.

Por vez primera escucha lo que dicen:
que se pasa la vida sin recato
como si fuera suyo el Paraíso.

Que es fuente de pecado
en donde se reflejan hombres santos
que al mirarla se pierden.

Que es la puta de Adán;
que él nombró a las bestias del jardín;
que es el primer poeta.

Que en cambio la serpiente
es el diablo encarnado que silba su veneno
por toda la Creación.

Que todo es culpa suya.
Que por ella caen ángeles y hombres.
Que maldita es su estirpe eternamente.

Aún cree en el Paraíso
pero sabe
que la verdad es una en cada boca
de donde con la voz se hace el infierno.

Stalin vive

> *"assí commo llegó a la puerta, fallóla bien çerrada"*
>
> Cantar de Mio Çid

No era moda punk la çedilla de la çe.
Pero le sucedió en este milenio
que algún nuevo prefecto del Idioma
la detuvo a la entrada y le dijo:
"Las letras hombrecitas no usan arete".

El asunto llegó hasta el Director
quien ya había puesto en línea a las promiscuas cursivas,
dispersado a las eses y disuelto diptongos.

So pena de expulsión definitiva, con borrador en mano,
la çe fue sometida y hoy silva entre los dientes
o se raspa en paladares a lo ancho y sonoro del Idioma,
se confunde con la ka, con la cu,
y se deja sesear, cecear
—en algunos lugares la distinguen—,
con el vago consuelo de que otras academias
—catalana, francesa, portuguesa—
valoran y celebran a sus letras tal cual son.

Libre de etarras

> *"Hay una parte del infierno, llamada Errático"*
>
> *Raúl Renán*

Son letras incrustadas en alguna rendija del renglón
o sopetón silábico por el golpe de menos o de más.

Van sobre alfombra roja en la pantalla
para luego ocultarse como diente de ajo
en la sopa de letras de la página,
las erratas que no tienen perdón.

Sucede que las teclas no se ponen de acuerdo con los dedos
cuando el índice indica con rumbo equivocado
y se convoca al fofo en vez de foro

del Centro de Escrotores /i
(habrá brindis de horror) /n
donde será canzada la convocatoria /l
regioanal de poetría, cuento, encayo y madraturgia /s /s
donde el falo del jurado será inapelable. /u

Visitaron las letras la ciudad

Algunas se quedaron esperando un camión que no pasaba
y se fueron mareando por el sol.
Otras quisieron ver tal o cual barrio o monumento
en taxis separados.
Quienes rentaron coche dieron vueltas todo el día
tratando de entender los letreros y señales.
El resto anduvo a pie.

Las palomas, de una plaza secuestraron a todos los acentos.
La cu y la u se perdieron sabra Dios en ke mercado.
A las comas les dio hambre
entraron con la hache a 1 cantina donde dan 👍 botana
y al salir no supieron ha ke letras pegarse.

El esmog los motores, y los claxones las nortearon a todos x igual:
La doble ve ve doble
lo mismo que la elle
La be y la ve se vuscan a ber adonde ivan
Las ies griega i latina no se ayan
nadie tiene energia para alzarse en mayuscula

es komo hun urakan o terremoto en el mundo de las letras
la policia no se da havasto
los radioafisionadoz ya se hunieron a la buskeda
de las grafias perdidas pero por + ke intenten
komo podran hallarlas con los puros oidos

son l@s chav@s l@s ke ayudan
x mensaje de texto y x el chat

kien encuentre 1 letra d-vera d yebarla
a los sentros de akopio –los refugios-
instalados en las k-sas editoras.

io lla t-ngo 1s kuantas n mi cel

tan vien chidas wey d ke t stava ablando?
ha si las letras norteadas ke onda con eso
komo va prosperar nuestro paiz

y c/este k-lor!!!

ya nisikiera se ke letra soi

[...]

Despidieron del idioma al verbo *estar*.
Y no fue que no [fuera] preparado:
su etimología era intachable,
su experiencia, sus viajes, sus idiomas…
La junta directiva consideró rentable
"eficientar" los verbos, "que ya son demasiados"
ahora en tiempo de crisis lingüística global.

Luego, al más veterano de los verbos,
—el *ser*, ya acostumbrado
a andar en altas o bajas según se le perciba,
a que lo endiosen o lo ninguneen—
lo pusieron a cumplir funciones de ambos
("como ocurre en inglés sin mayor problema"),
pero sin comisiones ni reparto de utilidades;
apenas, y con suerte,
con el pobre pero honrado Seguro Social nuestro.

El verbo primigenio, siempre digno, renunció.

[...] entonces que dejamos de existir.

Apéndice posterior

Decálogo del poetifuncionario

(Ésta es la *selva oscura* de tu vida. No te aflijas; aún puedes alcanzar el Paraíso).
1. En este nuevo cargo, no la tienes difícil como poeta; mas como ser humano, es otro tu cantar. Nunca descuides esta paradoja del artista trepado en el poder: te va en ello la salvación eterna.
2. Ya que no puedes entrar a los concursos, no dejes de escribir. Ya que tampoco puedes publicar, en tus largos ratos de ocio aprovecha corregir. Por supuesto que puedes concursar y publicar pero será mal visto, y con razón, sobre todo cuando se evidencie que no por buen poeta te dieron ese puesto (tampoco el premio ni la publicación, habrá quien piense).
3. Cuando tu superior te dé una orden que contradiga tus principios (o la Ley), pídela por escrito. Hazlo desde el comienzo y conseguirás respeto. Y no temas: el puesto ya lo tienes; no serás exiliado de Florencia. Aunque no tengas vocación de mártir, si de hecho te exilian, mayor será el respeto que obtendrás (y quizá entonces escribas tu gran obra).
4. En el remoto caso de que el oficio llegara, resguárdalo bajo setenta llaves. Aún te queda el recurso de matizar la orden en beneficio de tu humanidad. Mantén el equilibrio entre el bien y la política y que no le salga callo a tu conciencia. ¿Aún recuerdas que tienes conciencia? Si te complace, llámala, Virgilio.

5. Si al lector invitado de tu evento le da el sol en la cara, haz que le abran una sombrilla sobre el podio, aunque tú mismo seas quien la sujete cuando se niegue el jefe de protocolo. Antes de caer la noche, más de uno te habrá llamado en privado para felicitarte. Que tu sentido humano sea más fuerte que el hierro protocolario.
6. Y págale a tu lector invitado y a sus presentadores. Y págales también a los jurados (los cuales deben ser de otras comarcas). Y págale al ponente y al maestro tallerista... aunque debas prescindir de bocadillos y de ramos de flores y de mantas y de brindis de honor y de botargas, tríos y performance. Si lo logras, demostrarás tu fuerza y, más importante —aunque sea mentira— tu buena voluntad.
7. No repitas como bellaco las estulticias de tus maestros, como que nadie en su tiempo leyó a Dante, o que la esencia de la poesía es esto o lo otro, o que la metáfora es inmanente a la poesía. Funda tus opiniones en el estudio y la reflexión o será un gran placer reírse de tus bellaquerías.
8. Cuando apoyes alguna causa noble, que sea por eso mismo: por nobleza, no por servir a güelfos o gibelinos que la enarbolen. Podrán premiarte con un cargo público; podrán pedirte incluso que escribas los discursos del monarca o pontífice en ascenso pero esto será a cambio de tu alma. OK, ya la perdiste. La próxima causa noble que decidas apoyar, que sea por nobleza y quizá aún alcances el Purgatorio.
9. Si crees de verdad en la poesía, sabrás que, en el octavo círculo del Inferno, los *malebranche* aguardan con arpones y garfios para hundirte en la brea candente que tus actos destilaron. Si, desde tu escritorio, les robas a los artistas —sobre todo a los más necesitados—, allí estarán Malanalga, Javato, Barbidiente, Galgazo, Alitronchado,

Perrea, Pisaescarcha, Colmillos, Libiuscoco, Duenducho, Dragonazo y Rubicazo gustosos de atenderte por los siglos de los siglos.

10. Evita conversar con los *malebranche*. Hace años vi uno de ellos tras la ceiba de lo que era el Instituto. Pasaba inadvertido, como actor de pastorela. Me dijo que espiaba a un poetifuncionario que había gestionado el generoso monto de veinte mil florines cada mes, para que un joven poeta pudiera dar taller bajo su auspicio. Aquel joven poeta lo hacía gratis, incluso agradecido de recibir espacio, en tanto que el poetifuncionario se embolsaba gozoso los florines. Sería más feliz si no supiera de ese y otros fraudes que me han ido contando. Era invierno pero esos diez minutos de charlar con Malanalga me provocaron una insolación.

11. Si el colofón dice "1,000 ejemplares", que sean realmente mil los ejemplares. Los *malebranche* igual saben contar.

12. Aunque si nada debes, pierde cuidado: ponte tus lentes oscuros, tu bloqueador solar y conversa con quien quieras, pues con peores bichos tendrás que lidiar en tu larga y fructífera carrera como poetifuncionario.

13. Elimina los incisos sobrantes para lograr que cuadre este decálogo (como buen funcionario, debes de ser experto maquillador de cifras). O elimínalos todos si no tienes fe en Dante que, a fin de cuentas, fue poetifuncionario como tú.

Decálogo de tod@ quien pregunta ¿qué es poesía?

I. ¿Y tú me lo preguntas? Poesía ciertamente no eres tú pero tu vida está llena de temas, reflexiones, ideas y motivos susceptibles de ser poetizados.

II. Si un narrador mejor amigo tuyo se acuesta con tu novi@ con la misma desfachatez con la que escribe cuentos, estás en pleno derecho de escribir un poema sobre la madriza consecuente que le pongas y de hacérselo llegar autografiado con flores a la clínica. O de pedirle un trío —opción civilizada más al gusto de tu novi@— y escribir un poema erótico para conmemorarlo, con o sin dedicatoria. Eso es entrarle al poema a partir de la vida.

III. Y Rilke nos recuerda precisamente eso, los recuerdos: una mina de asuntos poetizables.

IV. ¿Que si el poema sale autobiográfico? No por eso será confesional, diría Amos Oz.

V. También desde la furia aborda el poema, o desde la sorpresa, la euforia, la aflicción... o desde cualquier forma del odio o del amor.

VI. O desde las palabras: su silueta, peso, altura, profundidad, anchura, alcance de sus ecos, efecto seductor de sus fonemas, espectro de su aura, matices de su aliento y registro de su voz.

VII. ¿Acaso no es poesía el adorable canto del cenzontle? No lo es. Si cantas tú imitándolo, podría acaso serlo.

VIII. ¿Ha de tener seis meses un semestre? ¿Es septiembre el mes séptimo? ¿Precisa diez incisos un decálogo? ¿Debe ser el poema como te han enseñado?

IX. Escribir poesía y acostarte con la novia de tu mejor amig@ —o con tu mejor amig@— son cosas inconexas, potencialmente hermosas, de cuyo resultado podrás arrepentirte al publicarse. O sentirte orgulloso; eso está de cada quien.

Nota: Escribe un corolario si no duermes tranquilo cuando los mandamientos no son diez:

X
COROLARIO

Parábola de la voz pródiga

Fui a recorrer el mundo
buscando descubrir la esencia de la vida,
conocer los placeres de los dioses
para después cantarlos
audaz, innovador como ninguno.

Exigí de mi padre
una jugosa herencia de palabras
y me anuncié con ellas
en exquisitos puertos y remotos parajes.

Visité sus talleres literarios,
fui a sus presentaciones de libros y revistas,
a sus fiestas, aulas, páginas.

Los políticos fueron no menos complacientes
al hallar mis palabras adecuadas
a sus siempre honorables ideales.

Los frailes de una escuela de empresarios
casi me hacen Doctor Honoris Causa
por mi cátedra dictada en sobremesa
sobre la teología de mercado.

Llegaban las mujeres a beber de mi fuente de palabras.
En las cantinas más les escanciaba
de la sabiduría ancestral que fue mi herencia
en sus odres de plástico
con luces de neón.

Y en sus fiestas privadas,
llené de locuciones amatorias
labios de vodka tonic,
senos de manantial de cinco estrellas.

Hasta que, entre el tabaco y los surcos del espejo,

alcanzada la gloria de este mundo
antes de haber escrito el primer verso,
los alardes de cantor de luna en pecho
secaron mi garganta.

Los antiguos amigos siguieron en la fiesta
y mis musas se vieron cautivadas
por voces de más pródigos profetas.

No pude ni cantar en los mercados para ganarme el pan.
Trabajé madrugadas limpiando las cantinas.
Me alimenté de sobras al sacar la basura.

Y recordé a mi padre.

Les pedí caridad a los choferes de camiones de carga
para volver a casa donde mi padre al verme
me besó pies y manos polvorientos
y me llenó de voces *de vida y esperanza*.
Mandó que me lavaran y vistieran.
Hizo incluso una fiesta en honor de mi regreso
a pesar de mis hermanos de voz inmaculada.

Hoy guardo las palabras prodigiosas
que mi padre no deja de brindarme,
porque es en medio de ellas que debo hallar mi voz.

Viajo en su biblioteca.
Descubro los parajes donde anduve,
y a profetas de otros siglos
que ya advierten contra mis infortunios.

Los versos que construyo finalmente
tienen sabor a tierra,
a guijarros y polvo, como cada pared que me cobija.
En silencio total los trazo a lápiz.
Modelo con las manos sus palabras
y las extiendo al sol,

para que mis hermanos
que no dejan de ver el horizonte,
comprendan al mirarlas
que el universo entero está en la casa,
en el patio, las puertas, los baúles,
en la gente de esta y otras épocas
y en el trabajo diario.

Que más allá del cielo conocido,
lo que cambia es el nombre de las cosas
y que el único viaje que conlleva algún hallazgo
es siempre hacia uno mismo.

Las fauces de Cronos

> AL FINAL DE ESTE LIBRO
> HALLARÁS LA DEMOCRACIA

Prólogo

La realidad a menudo resulta más cómica que la comedia. Para detonar la risa en los lectores, no hace falta postular para presidente al Chapulín Colorado o al Sotz de *La gruta del alux*, pues habrá personajes de caricatura se postulen solos. Además, por tendencia natural o artificial, las personas reales dan en sí la más graciosa pena ajena cuando ostentan una pizca de poder en el escenario de la vida; y mientras más poder, más diestros se vuelven en el penoso arte del humor involuntario.

    Este poemario no solo alude a los políticos y otras autoridades de formación pragmática, cuadratura perfecta y estrechez de visión por muy *open mind* que se proyecte su discurso; también al empleado de mostrador que ningunea al cliente, al conductor adicto al claxon, al pepenador que exige propina o no se lleva la basura… Estas y muchas otras realidades son cómicamente tristes, pues pasada la rabia florece la risa, efectivo remedio contra la demencia prevalente: de ahí la utilidad de estos poemas (por si a alguien le preocupa que la poesía sea útil). El satirista no ridiculiza nada: sólo resalta lo que en sí es ridículo, bajo la premisa de que *mejor reír que llorar*. A veces exagera la ridiculez que observa, llevándola hasta sus últimas consecuencias para advertirnos hacia dónde nos encaminamos como sociedad. El personaje aquí satirizado deberá reírse de sí mismo (o espantarse, según qué tan bien le quede el saco) y, con propósito de enmienda, agradecerle al autor por abrirle los ojos a su desaforada realidad.

Algo más sobre la utilidad de estos poemas: *when the penny drops* (cuando te caiga el veinte) de que México, Yucatán, Mérida no sólo es lo que el gobierno hace de él sino lo que tú haces de él —de que tú construyes, modificas y reinventas la realidad que vivimos—, estos poemas habrán cumplido una función más allá de la de hacer reír. Por su parte, este satirista se adelanta a agradecerles con el lápiz afilado a todos los que construyen un mundo lamentablemente risible en su modesta parcela de nuestra América Latina: contadores que retienen sus cheques salariales, camioneros que no le dan parada, funcionarios que frenan sus proyectos o lo invitan a que trabaje gratis, artistas mitomanoides de pezuña hendida y lengua bífida, gángsters que extorsionan-secuestran-matan en su amado país, peatones que tiran envolturas en su jardín, también amado, etc., porque sin ellos nunca habría descubierto su vena satírica ni habría escrito esta buena tercia de poemarios satíricos.

Eso sí, nadie suponga que éste o cualquier poema está escrito para él, ella o aquello, so pena de pecar de presuntuoso; sobre todo la gente sin sentido del humor o, peor aún, la gente cuyo humor es tan retorcido que sólo se ríe de sus propias tranzas y malandrinerías. La respuesta de esta gente ante las corruptelosidades cotidianas suele ir por la línea de lo que le dijeron a una de tantas víctimas de la ridiculez institucional en México: o te adaptas a como son las cosas o te mudas a Suiza.

Para los culteranos que pretendan invalidar estos poemas, les recuerdo que tanto vale el Quevedo de "Érase un hombre a una nariz pegado" como el de "polvo serán, mas polvo enamorado"; que tan canónicos son Caviedes y Lizardi como Lezama y Gorostiza, y que aquella decimonónica corriente que dieron por mal llamar *poesía pura* es una de las mayores idioteces de la historia y la prehistoria de la Literatura.

Y a todas estas, ¿cuánto cuesta un boleto a Suiza?

El autor

Y si le censurasen los parientes
del muerto, que entre dientes
le traerán por la herencia,
culpándole su obra y su conciencia,

> Juan del Valle y Caviedes, *Remedio para ser lo que quisieres que son observaciones del autor*

Así, por no tener dientes
le quiso dar entre muelas,
y entre un raigón y un colmillo
le dio al fin por no tenerlas.

> Juan del Valle y Caviedes, *Al casamiento de un mozo pobre con una vieja.*

tanto terremoto grave,
tanta autoridad traidora,
tanto fracaso con barba,
tanta engreída persona

[...]

pues para dar en el ojo
vino apuntando a la boca.

> Juan del Valle y Caviedes, *El diente del Parnaso*

Delante de las fauces brillan cuatro incisivos superiores

Las fauces de Cronos

Una llovizna y todo se viene abajo:
se va la luz,
el bóiler no calienta,
se apagan los semáforos, como ya puede oírse…

Apenas unas chispas de tormenta
y el horizonte suda sus temores a la fatalidad.
Se derrumban los muros
de la confianza en eso que amamos en abstracto.
El gris borra fronteras de lo que es y ya no vemos.
Volvemos a la sombra que danza en la hoja en blanco
al pulso de la vela como siempre había sido.

Fue tan solo un suspiro de los dioses.

Imagínate cuando despertemos
con el torrente encima del cambio de las eras:
Prenderemos las velas
de las naves
y que Chaac nos agarre confesados.

Fer de la Cruz

El problema del orden absoluto

preferiría un rabo de nube
Por supuesto que Silvio

La solución fue simple:
llegué a Pagaduría con un destapacaños.
Bombeé los esqueletos del aire en las paredes,
el polvo enmohecido,
telarañas intactas desde la Revolución…
Destapé los archivos más urgentes de la era porfiriana;
volaron los tesoros paleográficos de la colonia entera;
los papeles y códices flotaban
en la respiración de los burócratas.

Habría hecho falta una pipa de succión,
una represa abierta
o acaso alguien hubiera preferido
el torbellino de un rabo de nube.

Pero bastó mi brazo con un guante
para sacar mi cheque,
firmarles el talón de recibido y llamar a los bomberos
antes de que la inercia de mi destapacaños
se institucionalizara
como un nuevo orden de las cosas.

El sueño tecnológico

Todo el conocimiento fue digitalizado.
Las bibliotecas fueron clausuradas.
No he visto un libro en años.
Todo el papel ya fue reutilizado
para la construcción. Y ni hace falta.
Con este nuevo chip nanogenético
—que compré a siete años sin intereses—
podré acceder a toda la información que quiera
grabada en mis neuronas en dos nanosegundos.

Lo instalo en mi cerebro según el instructivo y...

Ya está.

¿Qué pasa ahora?
Me marca una advertencia de software obsoleto:
Que el globalosistema ya cambió de formato.
Debo adquirir el chip de nanotelepatía.
Ya todo es inalámbrico.
Me lleva la chingada.

Mis queridas películas pirata

Cuando compro películas pirata,
dice mucho de mí efectivamente:

Primero, que mi sueldo de maestro no me alcanza,
si mi cheque... será un barco fantasma
perdido en el océano de nuestra burocracia.

Y que como poeta no recibo ni siquiera caridad.

A fin de cuentas, vengo del Caribe,
umbral de la fayuca, nicho del bucanero
desde antes de que fuéramos nación
(¿o qué crees que llevaba en sobrepeso el avión de Pedro Infante?).

Indígnate mejor con Bellas Artes:
y dile que mi cheque de septiembre me lo pague en septiembre,
no para Navidad, como regalo.

Ve y quéjate con las editoriales,
que no dan ni las gracias cuando presento un libro;
con las instituciones
que me piden que vaya y que les lea,
por puro amor al arte.

Y dile a Banamex que no sea tan usurero
(luego, quién es el pirata).

Es por amor al arte
que compré mi película clonada
(piratería fina)
en la acera de enfrente de la legalidad.

Y al que quiera, le canto antes de verla
la canción marinera de Long John Silver:
...*Yo-ho-ho, and a bottle of rum!*

En fin, salud, y pásame el control.

Una versión prosaica (tal vez copia pirata)

Cuando compro películas pirata, dicen mucho de mí efectivamente: Primero, que mi sueldo de maestro no me alcanza, si mi cheque... será un barco fantasma perdido en el océano de nuestra burocracia. Y que como poeta no recibo ni siquiera caridad. A fin de cuentas, vengo del Caribe, umbral de la fayuca, nicho del bucanero desde antes de que fuéramos nación (¿o que crees que llevaba en sobrepeso el avión de Pedro Infante?). Indígnate mejor con Bellas Artes y dile que mi cheque de septiembre me lo pague en septiembre, no para Día de Reyes. Ve y quéjate con las editoriales, que no dan ni las gracias cuando presento un libro; con las instituciones que me piden que vaya y que les lea, por puro amor al arte. Y dile a Banamex que no sea tan usurero (luego, quién es el pirata). Es por amor al arte que compré mi película clonada (piratería fina) en la calle donde pasa mi camión. Y al que quiera, le canto antes de vería la canción marinera de Long John Silver: *...Yo-ho-ho, and a bottle of rum!* En fin, salud, y pásame el control.

Otros tantos incisivos inferiores: sendos poemas más o menos sencillos de tragar

Oda al dolor del mundo

¿Será común decir "me duele el mundo"
como duelen los pies sobre el asfalto
lleno de vidrios rotos en estrellas
o como duele el humo de los coches
que con el sol invade mi ventana?

No hay remedio
contra las balaceras que caen por temporadas
y desbordan los ríos, ni contra terremotos
ni crisis financieras; nada alivia a los niños
que trabajan en los supermercados
ni aquellos reclutados por ejércitos,
grupos de choque o mafias.

Y los extorsionados que cierran su negocio
por no poder pagar; y los maestros
con sus "quinientas horas semanales",
como reza el poeta, el maestro Parra; y las violadas
y también los violados;
y el que quiere votar y ya no puede
porque un pariente o jefe vendió su credencial...

Y todos los etcéteras del universo entero.

Duele el miedo

de salir a la calle. Duele el paso
que damos los migrantes
como duelen también los que se quedan
sin posible salida en su dolor.

Es un lugar común imprescindible
decir "me duele el mundo"
pero no es suficiente
pues el dolor que cabe en una frase
es menor a la suma de sus partes.

Sociopatía

No es el eco en oscuros rincones
ni las sombras que parecen filtrarse en la ventana.
No es llegar a la puerta trasera de la vida
con una larga lista de empresas inconclusas,
deseos no cumplidos, promesas olvidadas...
No son los vaticinios fatalistas
de los profetas en las avenidas,
o de mis ojos fijos al ocaso.

Ese temor que hiela el pensamiento,
acosa las papilas gustativas,
nos invita a temblar a carcajadas
y nos provoca el desvanecimiento
al revelarse demasiado tarde,
este temor constante
tan pungente
no lo causa
sino mi hermano el hombre
de helada soledad tras la sonrisa
—cautivadora fuente de infortunios—
y tras los inocentes *buenos días*
que pueden ser los últimos.

No es que odie el futbol

No es que odie el futbol
ni que me sea indistinto si falla la señal o el arbitraje.
No es que no me entusiasmen los mundiales
cuando México gana por lo menos en fut, algunas veces.
No es que patee al olvido los recuerdos
de aquellas cascaritas callejeras
cuando había menos rejas en las casas,
cuando sólo nos cuidábamos del tráfico fortuito,
cuando los cañonazos eran chutes meramente deportivos
y no ajustes de cuentas…

Pero —debo aclarar— más me preocupa
el dopaje en los niños de la calle que en el Estadio Azteca,
sobornar magistrados que a algún árbitro cualquiera,
los fueras de lugar presidenciales, los autogoles a la economía,
la mano en los sufragios, tanta tarjeta roja a periodistas
a punta de balazos…

No es que odie el fútbol,
simplemente aborrezco vivir de la patada.

La cuenta regresiva

¿Y si están en lo cierto los antiguos profetas
y los predicadores de parques y avenidas,
las monjas que señalan las puertas del infierno,
los niños que le rezan a su ángel de la guarda,
los que confían en mitos
más que en su contador o en el gobierno,
los lectores de vísceras o estrellas
o los junkies de andar desorbitado,
o los esquizofrénicos con ecos siderales,
o los poetas de tinta en las ojeras,
o los blogueros del apocalipsis,
o los que ven al suelo al decir "no pasa nada",
el niño que se aleja, mientras llora,
de algún rincón cualquiera donde sintió presencias,
la tía que se persigna cuando un rayo no ha acabado de caer,
o los que no cuestionan
que la Virgen se apareció en un cerro
y cuelgan amuletos de santos en el coche,
quienes llevan la cuenta regresiva, seguros de sí mismos,
o quienes aseguran que saben lo que vieron…?

¿Será el tiempo una recta final después de todo?

Por lo pronto,
aquí, en esta espiral imaginada,
el Caos que aún nos queda
con los brazos abiertos me sonríe.

Funeraria Quevedo y otros poemas menos digeribles: Premolares de cuadrantes inferior izquierdo y derecho

Funeraria Quevedo

Que me velen en Quevedo
con refresco, galletas aviones
y poemas de Quevedo,
con sueños y pesares quevedianos
y fotos de Quevedo
con humor por la vida y por la miarda
—digo, muerte—, viendo todo
a través de sus lentes redondos: sus Quevedos.

Que me cremen con crema en el café
para volverme "polvo enamorado",
tornarme remolinos en los gestos
agridulces de amigos, familiares,
quevedianos colegas,
y algún buscón colado o infame gongorino
buscando café gratis
o zapatear mi tumba, el muy bellaco.

Y que hagan un taller en el velorio
con lápices en mano como velas
para seguir soñando,
volar entre los ojos y las páginas
quevedianas o no y que con ellas
construyan —y que vuelen— papagayos.

Radio Vaticano

La gente pasa a mi lado y se persigna.

Refugiado a la sombra de una iglesia que se impone tanto
[como el sol,
cuento veinte autobuses por minuto —ninguno es el que
[espero—,
mientras voy renunciando, una a una, a las virtudes teologales
y me convierto en ídolo de piedra, sediento de la brisa redentora,
fresca como la sangre de todos los que pasan.

La sombra va cediendo y el astro endemoniado
ya me pisa la punta de los pies.

"Es la una cuarenta", dice el radio de un coche
que Dios omnipotente ha enviado
para echarme el tiempo en cara, entre ráfagas de humo.

Y a todos los que miro persignarse, les importa un carajo.

Best-seller desconocido

ALERTA PUBLICITARIA:

SOLICITUD DE LÉXICO

La Comisión del Nuevo Diccionario
solicita palabras intrépidas,
P I C A N T E S !!!
Género femenino.
Buena tipografía.
De formación reciente.
En singular.
En caso de anglicismos,
aquí le tramitamos su forma migratoria.
Traer solicitud
(oficinas centrales del Idioma,
domicilio conocido)
con dos fotografías en color, tamaño póster.
Ofrecemos contrato renovable cada mes.
Prestaciones de ley.
Salario mínimo.

Best-seller desconocido

Le dieron veinte premios nacionales,
lo tradujeron a catorce idiomas,
le renuevan la beca año con año,
poetas de renombre lo presentan en las ferias de libro,
conoce a todo mundo,
es compadre de un ex gobernador,
le dan pasaje y viáticos los fines de semana,
se ha leído a todos los de moda
y alguno que otro clásico…

Y sin embargo nadie lo conoce
fuera de esos poetas como él,
por mucho que su foto circule en el periódico
al día siguiente de la ceremonia.

Hoy se ganó otro premio
y viene a presentar su nuevo libro.
Qué bonito diseño de portada.

No hay ni intento de ritmo.
Él sabrá si se entiende.
Y luego cómo quieren que a la gente le guste la poesía.

El doblañol, idioma del futuro

> *"El español es una lengua en bancarrota"*
>
> Fernando Vallejo

No diría en bancarrota.
El español se encuentra en estado de sitio:
recibe bombardeos noche y día
de Discovery Channel, A&E,
Sony, Animal Planet, NatGeo,
y todos los etcéteras por cable,
con dobladores más omnipresentes
que la CIA y el Vaticano juntos.

La solución: unirse al enemigo.
Eso es correcto!
Así hay que hablar ahora, en *doblañol*.

Aquel acento *nice* fresichilango
de Televisa y sus imitadores
alguna vez fue *cool* pero *eso es over*.

Ahora es mucho más *sophisticated*
hablar en *doblañol*, con su buen gusto,
el tono para toda la familia
y ese léxico tan a la vanguardia,
que no está todavía en el diccionario;
esa voz varonil de superhéroe,
o femenina de muñeca Barbie
serán nuestro futuro.

Eso sí, la ve chica —quiero decir: la *uve*— será labiodental,
suena como una efe delicada, hecha de *v*oz.
*V*amos a *v*er. Ahora
sólo nos falta música de fondo.

Caracoles! Lo tengo! Es remarcable!
Hablaré con mi iPod encendido
sobre piano jazz. Será la moda
en toda sobremesa refinada.

Patentaré mi idea. Ya *v*erán.
Me otorgarán el Príncipe de Asturias
como restaurador de *nuestra idioma*
por pulirla, fijarla y... ¿qué seguía?
y por *v*olverla más uni*v*ersal.

No sé cómo *pudiera* haber *v*i*v*ido
por todos estos años *v*iendo tele,
hablando en pro*v*inciano.

Por lo pronto me haré un *emparedado*
de jalea y *mantequilla de maní*
mientras pienso el discurso

que lle*v*aré a la FIL el año entrante.
Será un hito en la... Nooo!!!
He dejado caer sobre mi iPod
el *jarro* de jalea.
¡Me lle/*b*/a la...
Quiero decir: *Recórcholis!*
Oh, mi Dios!

Em...

Esto es más complicado de lo que imaginaba.
Mejor me ahorro el cable,
que hable cada hablante con naturalidad dialectológica
(como le dé la gana)
y que los dobladores de la tele
se /*b*/ayan con su /*b*/oz a la ch...
a la ch... a la ch-ch-ch...

A ver un nuevo intento:
Excepto uno que otra,
que esa doblada sarta de /b/oceros
se /b/ayan con su /b/oz acartonada
a la mismísima y recóndita chingada.

Los cuatro premolares superiores izquierdos y derechos, plenos de santidad

Se cayeron los santos

Al cerrar la cortina,
a un reclamo del viento,
volaron al abismo de la fragmentación.

Ya jamás sus astillas alcanzarán la gloria
tras esta triste página pasada por el aire
como la guillotina que cercena las eras
o el vórtice implacable de los tiempos
que todo lo trastoca.

Vendrán otras figuras que ocuparán su sitio
de similar dureza en la mirada.
Gobernarán el mármol, ahora despoblado, de una mesa
                                                                       [esquinada.
Reclamarán un día su divino derecho
de volar ellos también con vientos nuevos,
por los siglos de los siglos.

Le cortaron el pelo a Jesucristo

—¡Le cortaron el pelo a Jesucristo!
—interpeló la Madre Superiora
y se dio a la cruzada
para identificar a los culpables.
Los interrogatorios duraron horas, días,
con amenazas de condena eterna
y expulsión definitiva.
A todos expulsó (cerró la escuela),
por solidarizarse en el silencio
todos los estudiantes.
Lo que nunca se supo es que eran inocentes.
Y no fue sacrilegio: yo mismo me rapé
en solidaridad con los varones
a quienes les prohíben
tener el pelo largo como yo.

Dura Lex...

Jesucristo fue a Cuba;
no en visita de Estado ni a hacer proselitismo,
milagros populistas ni a prodigar promesas de salvación eterna:
fue a ver a sus amigos y colegas Orishas, simplemente.
Recordó los momentos felices que juntos compartieron
desde antes y a lo largo de toda la Creación.
Almorzaron ofrendas de malanga, boniato, ensalada judía
y ese vino de pasas hecho en Cuba, exquisito.

Ya caída la tarde, vuelve al cielo en cuya reja de oro
un ángel de la guarda y un beato ex pretoriano lo detienen.
—Tenemos evidencia de que Ud. estuvo en Cuba —le
[reprochan—.
—¿Cómo, hermanos míos? Soy Jesu ben Josef, ¿no me conocen?
—Eso no nos incumbe
pues ayer se aprobaron nuevas leyes
contra la impunidad de los políticos,
arcángeles de rango, santos acomodados,
ex papas, damas pías o juniors influyentes.
Usted violó las leyes del embargo.
—Bloqueo.
—Lo que sea. Y le será aplicado
todo el peso de la divina ley.

En las iglesias pobres de este mundo
se llevaron a cabo colectas especiales
para que Jesucristo pudiera con la multa impuesta en dólares,
en tanto Legionarios, Maristas y Opus Dei,
coludidos con Radio Vaticano,
niegan que nada de eso haya ocurrido
pues la única visita oficial es la del Papa
quien contaba, por supuesto, con todos los permisos
de las leyes terrena y celestial.

Shalom maestro, y felices pascuas

—Usted es Jesucristo, el rabino
que sana a los enfermos
y convive con putas y borrachos.
—Sé bien a qué has venido, hijo mío.
Sólo di lo que tienes que decir.
—Maestro, yo sé todo de su vida,
su padre es carpintero, su madre dizque virgen...
Su tío el arimateo ha hecho buena fortuna en sus empresas.
Y aquella amiga suya de Magdala, ¡ay qué sabrosa!,
igual tiene una cuenta respetable.
Ha prometido destruir el templo y volverlo a edificar.
¿Planea acaso un golpe contra Herodes?
Pilato ni se inmuta. Confía en sus legionarios
y sonríe intrigado cuando escucha de usted.
Digamos que es su fan, amigo mío.

Y todas estas palmas...
está en el apogeo de su popularidad.

Mire, mi buen rabino,
aquí tiene este número de cuenta.
Deposite esta suma de dinero mes con mes
y contará con nuestra protección.
De lo contrario,
ni su dios ni los ángeles ni todos los profetas
podrán con nuestros métodos.
Dos prósperos bandidos no quisieron mocharse
y mire, hoy mismo fueron arrestados.
Yo también tengo amigos poderosos.
Consúltelo con Judas, su asesor financiero.
Shalom maestro, y felices pascuas.

Molares de los cuadrantes inferiores centro-derecha y centro-izquierda, de cualquier partido que decidan blanquearse para huir de la endodoncia

Mi amor por el partido

Del color del partido me pintaron.
Me dieron uniforme
y me hicieron comprar los pupilentes
que ahora llevo puestos.
Me pareció excesivo
que me hicieran pintarme hasta las uñas
luego el pelo y me dieron esta crema
para untarme en la piel, con todo y labios.

La gente me sonríe con agrado.
El prefecto me veía con perspicacia
y ahora hasta me da los buenos días
porque soy de los suyos,
porque doy testimonio del partido,
porque voy del color de las paredes,
las puertas y ventanas,
los pisos, techo y todo el mobiliario,
el concreto en los postes y la acera
igual que el pavimento,
los coches y los árboles
que cada tercer día son rociados
por las cuadrillas cívicas.

Eso sí, me rehúso a tatuarme este color

en todo el cuerpo como recomiendan.
Dicen que sólo así obtendré mi base
pero sería el colmo:
mi amor por el partido
aún no llega a tanto.

Barney presidente

Barney resulta electo presidente.
Le funcionó muy bien la coalición
del partido de azul con el de rojo.
Enseguida, el Palacio de Gobierno se pinta de morado
igual que las escuelas, hospitales, etcétera.

Acto seguido, Barney nombra su gabinete:
Señala a Pepe Pótamo para Gobernación;
Manotas es el nuevo Secretario de Marina;
Como vocero de la presidencia,
queda el gato Cheshire
y como Secretario de Hacienda, el Conde Contar.
En tanto, el teletubie Tinky-Winky
es el nuevo titular del Conaculta.
El perrito Magenta también recibe hueso
como Subsecretario de Vialidad y Tránsito.

En todas las demás secretarías y puestos de confianza,
dejaron a alebrijes, insectos o moluscos
y a cualquier otro bicho de aire, mar o tierra,
siempre y cuando cubriera el requisito
de los colores institucionales,
o sea, el morado.

Aun entre los Ositos Cariñositos hubo un flamante
                                            [nombramiento:
Generosita como presidenta del DIF, ni más ni menos.

El presidente Barney
se la pasa cantando en los actos oficiales.
Los niños del país
entonan sus canciones cada lunes
de homenaje a la bandera.

Todos los purpurados lo celebran en sendas homilías.

La fiesta continúa;
las banderas moradas aún ondean
y algunos analistas se cuestionan
cómo llegó al poder un dinosaurio
en la segunda década del siglo XXI.

Por fin fue derrocado el Tiranosaurio Rex

Con la unidad de todos los reptiles,
aéreos, terrestres y marinos
y uno que otro teleósteo solidario
recolectamos firmas a lo largo de todo el mesozoico,
movimos influencias, enseñamos los dientes
y al fin hemos logrado, camaradas,
que el tirano renuncie de su cargo
de supremo carnívoro,
rey del Reino Animalia y
emperador del mundo.
Ahora, construyamos un próspero triásico,
liderados por un gran animal,
un animal del pueblo,
con enorme sonrisa,
solidario y amigo de reptiles,
que siendo dueño de los siete mares
no tiene la menor necesidad...
eso mismo: de robar.
Propongo que apoyemos
este nuevo proyecto de gobierno
de alcance ultramagnánimo,
a la altura de nuestra nueva era.
Apoyemos la total megalocandidatura
de nuestro hermano el Rey Megalodón.

Mauricio Ortega, nuestro candidato

Con él abanderados, la presidencia volverá a ser nuestra.
Si tuvo los blanquillos para falsear las acreditaciones
y meterse al estadio a robar la camisa de Tom Bradley
frente a tantos agentes, a minutos de acabado el *Super Bowl*,
qué no hará por las filas ya maltrechas de nuestro gran partido,
cuando robar casillas ya no es tarea fácil.
Ese famoso jersey del número doce es tesoro universal
y él lo trajo al país. ¡Es un patriota!
Valuado en medio millón de dólares, esa playera es casi ya
[tan célebre
como la *Mona Lisa* exhibida en París, que no en Florencia,
como nuestro penacho de Moctezuma, en Austria y no aquí
[en México,
o como el bajo Höfner de McCartney, resguardada en una
[bóveda privada
de algún sultán de Oriente o narco del Bajío
que se merece todo mi respeto. Justamente a alguien así
[necesitamos.
Este bato es un mago y su tipo de magia obtiene votos;
tiene el perfil perfecto: su talento de pícaro, su fama,
su decisivo temple a la hora de la acción,
y ese genial cinismo ante las cámaras.
Con las televisoras haremos de él un héroe de las masas.
Escúcheme muy bien, mi licenciado,
podrán avergonzarse todos los compatriotas
mas no él
y en esta era de la desvergüenza, semejante descaro vale oro.
Se lo aseguro, éste es nuestro gallo: Mauricio Ortega, nuestro
[candidato.

Metamorfosis y otros desencantos:
Molares superiores derecho e izquierdo

Como cualquier lugar donde uno escupe

Seguirán tan contentas las señoras saliendo de la misa.

Mientras tanto cada quien en lo suyo:
la pinta de grafiti, la venta de cariño,
la patrulla punzándonos los ojos con sus faros,
una cauda viril de bisbiseos al paso de mujeres
y la ruta de escape en la botella o lo que haya a la mano,
ya que Dios —como dicen— proveerá.

Así que como siempre habrá de todo,
paredes que soportan el peso del olvido
bajo un cielo cautivo de cables y alumbrado,
colillas que no dejan de inmolarse al contacto del sol y del
[concreto,
papeles y envolturas que vuelan con el soplo de los coches
como si fueran libres...

Puede que alguien sonría de repente si llega a ver la luna
[sobre un charco
pero no dejará de tropezarse con las grietas y baches del progreso
en este viejo asfalto de la historia.

Seguirá habiendo muros coronados de vidrios,
protectores en todas las ventanas, candado en las cocheras,
en algunas esquinas burladeros

quizá contra las horas en que no pasa nada más que el tránsito,
dejándonos tan solo moretones en el aire y polvo en las pestañas.

Y tú, borracho fiel
que en la plaza maldice a todo el mundo,
te habrás vuelto profeta en esta tierra.
Notarás que me fui
o pasará mi ausencia inadvertida
y mi voz,
en la bulla del tiempo en los oídos,
habrá valido igual que mi silencio.

Hoy creo en el destino

A tu mandato pasan los cometas
pero nunca descienden para besar la Tierra
excepto para devastar las selvas,
erradicar especies...

pues tú jalas los hilos,
y juegas con los astros,
haces temblar su brillo
como tiemblan los ojos de los hombres.

Insertas mi camino en el de ella
y permites que pruebe de sus labios
y dejas que la tome
de la mano,
esas manos que lo crearon todo
en un mito perfecto
o que lo fue un instante
ya predeterminado a la ceniza.

Casi te oigo reír
—pensarás que es risible.

Tengo algo, Destino, qué decirte
desde el fondo de mi pecho aún medio lleno,
que todavía gotea,
por todas las entradas en tu libro
de arcanas paradojas;
por la suerte de Job,
por aquellos que todo sacrifican;
también por los estoicos y sus tristes historias
y por la pirotecnia y batucada que despliegan las nubes;
por tu rictus que traza el horizonte

al tiempo que sostienes las llaves de los cielos;
por toda la alegría y el amor destinado
siempre
para alguien más:

Fuck you!

LIBERTAD COMO CASTIGO

Métanme en una cárcel. Lo merezco.
Llevo ya tanto ruido en la conciencia
como una yugular en hora pico
que intenta ahogar el brillo de su oleaje.

Pero en confinamiento solitario.
Cualquiera en mi lugar haría silencio,
iría por la vida con las horas como única esperanza,
toda su libertad como castigo…

En cambio, tantas voces extraviadas
y páginas en busca de mis manos,
con los días que vuelan entre cláxones,
ideas que se atragantan,
noches arrinconadas sobre el buró.

Concédanme una celda
de seis a diez y media cada día,
con buena luz
y tres o cuatro libros por semana
(Quevedo, E. E. Cummings,
la poesía completa del maestro Raúl Renán…)
que esperan el respiro de silencio
que les haga justicia.

Metamorfosis

"Señor, soy un gusano:
los pecados del mundo son mi culpa.
Señor, soy tu gusano
con los vicios del mundo a mis espaldas
y merezco el encierro,
y merezco el entierro, nunca el cielo
porque soy tu gusano y mi destino
es arrastrarse como el más pequeño
en el barro
debajo de las hojas
borrado por la sombra, por mi culpa,
por mi culpa".

Y prosiguió el gusano
sin percatarse
de que le habían
salido alas.

Los caninos: *Kaláshnikov* y otros poemas como bomba al hígado

Kaláshnikov

Hablando de poetas explosivos,
fallece hoy el maestro.
Su primer poemario fue un best-seller: el "T-34"
con tiraje de cien mil ejemplares
de fino blindaje, cadencia sostenida, gran poder expresivo,
traducido con letras escarlata a las lenguas de millones de civiles...

Ya en el postboom, su nueva obra maestra,
"AK-47",
hoy canónica, un clásico moderno,
goza de tal demanda que se halla en colecciones
públicas y privadas; y su terso lenguaje,
tensión dramática, tono contundente,
metáforas que afloran en el pecho de lectores de todas las edades
en ráfagas de versos...

Descansa en paz, poeta Mijaíl Kaláshnikov.
Tocaste nuestras almas:
nos cambiaste la vida ciertamente
a millones y millones
de fantasmas.

MIT

Noam Chomsky se jubila de MIT
y decide pasar un tiempo en Mérida.
Se compra una modesta casona de Santa Ana,
con su pequeña alberca y aire acondicionado.
Muda su biblioteca a repisas instaladas por todas las paredes
(un anaquel entero sólo de su autoría).
Lee por las mañanas. Se pasa cada noche
en La Casa de Todos, con su amigo Lorenzo;
las tardes en Amaro, con Olga y el padre Lugo,
siempre con sus apuntes de nuevas reflexiones
para sus conferencias, artículos y libros.

Pero es docente nato; añora el magisterio.
Acude al Instituto Tecnológico (el "MIT") de Mérida,
la UTM y la UADY.
En la UADY le ofrecen 60 pesos la hora como a cualquier
[pasante,
por supuesto que sin sueldo en el verano;
la UTM casi lo encarcela por pisar el jardín recién podado;
el Tec le ofrece acaso algunas horas
como maestro de inglés.
Chomsky sale riendo a gotas de sudor.

Y luego, las privadas, a las que sólo va por divertirse:
Patria, Mayab, Marista... le dan el avionazo, por judío;
La UVM observa que sus posdoctorados no están apostillados,
y no los reconoce;
la UMSA va y le ofrece treinta pesos la hora
para enseñar un curso de oratoria más otro de escolástica
[avanzada.
Ahí para de buscarle.

Da clases en su casa, los domingos, completamente gratis
a activistas, artistas o docentes sin base, con o sin sindicato.
Hoy comenzó el taller de no violencia
y autografió mi copia, tres veces releída
de *Sobre democracia y educación*.

La dignidad robada

Mi dignidad, ¡por Dios!, me la robaron.
La sacaron de mí frente a mis ojos.
Llamé a la policía
pero el ladrón se había desvanecido.

Me han ofrecido otras en el mercado negro
pero quiero la mía,
la que nació conmigo y es una con mi alma,
la que me hace persona y le da aliento a mi voz.

Ofrecí recompensa en los periódicos
por pura terquedad.
Pegué carteles, imprimí volantes
pero nadie me llama, ¿quién habría de hacerlo?
si el ladrón bien sabía lo que robaba.
¿Para qué la querría? Por lo pronto
deambulo por la calle como un fantasma herido,
como un suspiro al aire,
como alguien simplemente que no tiene dignidad.

Ya pasaron los meses y la sigo buscando
en los aparadores de las casas de empeño.

Un momento.

¡Increíble! Está aquí frente a mis ojos
deslucida entre iPods, celulares,
la fe de algún cristiano
y la vergüenza de alguien que bien puedes ser tú.

Tiene el precio marcado:
me alcanza con el cambio que llevo en el bolsillo
mas resulta indignante comprar mi dignidad
y más aún, que valga igual o menos
que un servicio de taxi,

un café americano,
cualquier disco pirata
o aquella cajetilla de cigarros sin filtro.

Es como si lo nuestro que damos por sentado
aquello que creímos inherentemente propio
basara su valor en las leyes del mercado, ya qué.

La compraré de vuelta. ¡Me lleva! Está cerrado.

Un hombre a la mitad

Es un señor doblado a la mitad.
Se pasea por la acera mirando hacia los pies:
colillas de cigarros, envolturas de chicles y galletas,
astillas que antes fueron parabrisas,
tornillos en espera de neumáticos en qué satisfacerse,
páginas de periódicos con mugre en las noticias...

No se tropieza nunca;
cubre con la mirada cada grieta, reja abierta, toma de agua,
                                                        [rampa de coche,
tensor de poste y otro y otro y otro en plena acera.

Cruza por las esquinas como medio profeta con el cayado en
                                                                          [mano,
sin mirar a los ojos de guiadores que lo miran pasar
y esperan con paciencia milagrosa.

Le gusta ver las nubes reflejadas en los charcos.

Lo veo cuando camino hacia la esquina donde pasa mi camión.
Es mi eterno paseo. Él no me ve.
También veo la basura, colillas y tornillos,
y todas las salientes con que puedo tropezar.
Lo que escapó de mi vista
fue el protector de hierro de un medidor de luz
donde me di tan fuerte en la cabeza
que fallecí al instante.

Yo era un hombre recto.
Esta ciudad no fue hecha para mí.

Aquel señor doblado a la mitad,
velo, llegó hasta viejo;

es dueño de la calle
y sigue su camino a ningún lado
ajeno a las miradas
de quienes no habían visto a ningún hombre
doblado a la mitad.

Las del juicio: Protegidas por guardas de grafeno contra bruxistas dioses de inframundo

Para alcanzar el Cielo

—¿Por qué no se autorizan los cheques de los maestros de
[contrato?
—Mira, no es tan sencillo.
Primero, sus papeles deben ser requeridos
a la coordinación de cada área:
- Las copias de sus actas y los originales de sus actos
- Fotos en blanco y negro o de todos los tonos de gris de su amargura
- Cartas de antecedentes no penales, de recomendación
- y constancia del único centro de salud autorizado en la entidad.
- Nota: las muestras de uno y dos que no las traigan, por favor.
- Ah, y su ficha de la junta militar
con sello de *Imprimátur* lacrado por el Papa.

Luego, estos documentos
deben ser enviados al centro del planeta,
a recibir la aprobación de Hades, o no sé si de Cronos.
Él, a su vez, los manda
por agujero negro al principio de los tiempos,
donde ha de recibir el visto bueno del Todopoderoso.
De ahí son remitidos a la Secretaría
a aplanar escritorios y engrosar archiveros

—así son estas cosas—,
ya con todos los sellos de Inframundo,
de Cielo, mar y Tierra,
y a la pagaduría finalmente,
adonde acudirán
—cuando hayan sonado las trompetas—
los maestros que aún nos sobrevivan.

Este año, los cheques de septiembre
ya fueron remitidos al principio de los tiempos.
Francamente —conozco a esos burócratas—,
mejor prende tu vela,
ponte a dieta
y vuelve tuyo aquel bonito eslogan:
"Regale afecto, no lo compre"
en esta Navidad.

Poema de Mafalda

—Aquí necesitamos —le comenta Mafalda a su mascota,
la tortuga Burocracia—
crear más áreas verdes,
aunque también más estacionamientos
y puentes peatonales, ampliar las carreteras,
construir bibliotecas de a de veras,
acelerar los cheques de tantos proveedores
como de los maestros no basificados,
equilibrar salarios,
auditar oficinas de gobierno,
incentivar la industria
por ejemplo, la industria editorial...

Y que haya papel,
¡por Dios, con tanto niño!
en los baños de centros escolares
como el Centro Estatal de Bellas Artes.

—Imposible. —Responde la tortuga.
Nuestra noble nación bicentenaria
es monumento histórico.
No se puede tocar.

Repetición en permanencia voluntaria

—Aquí
Necesitamos
—le comenta Mafalda a
su mascota, la tortuga Burocrac
ia— crear más áreas verdes, aunque
también más estacionamientos y
puentes peatonales, ampliar las carre
teras, construir bibliotecas de a de vera
s, acelerar los cheques de tantos prov
eedores como de los maestros no basifi
cados, equilibrar salarios, auditar oficin
as de gobierno, incentivar la industria
a por ejemplo, la industria editori
al... Y que haya papel, ¡por
Dios, con tanto ni
ño! en los baños de ce
ntros escolares como el Cen
tro Estatal de Bellas Artes. —
Imposible. —Responde la tortuga.
Nuestra noble
nación bicentenar
ia es monumento histó
rico. No se puede tocar.

Efecto dominó

Pues no salió mi cheque tampoco esta quincena
y no podré pagarle a mi ángel de la guarda
cuya fidelidad y mansedumbre
admiro y compadezco.
Pero el ángel también le debe a Dios
de infinita paciencia, que a su vez
debe cubrir quincenas atrasadas
de todo el santoral
¿y sabes?
los milagros de los santos no son gratis:
salen de su dinero;
imagínate entonces los cargos a tarjeta
de los santos por cuentas de hospitales cuando sanan enfermos,
y recibos de luz cuando iluminan las almas de los hombres.
Aquí entre nos,
todos somos deudores
—ya sea de Banamex o el mismo Diablo—,
todos, desde los pobres maestros de Bellas Artes
hasta Dios y los ángeles y santos.
Por eso están en crisis
las esferas del Cielo y de la Tierra;
hay un estancamiento macrocósmico
de efectos infinitos
que arrastra más de siete quincenas sin cobrar.

Si tan solo el Director de Bellas Artes
tuviera algo de fe...

La Historia se repite

> *"Un albañil mata a sus dos jefes y a dos empleados bancarios en Olot.*
> *Pere Puig, de 57 años, llevaba meses sin cobrar su sueldo".*
>
> *El País.* 16 de diciembre de 2010

En el Centro Estatal de Bellas Artes
un profesor ardido hasta los dientes
con ironías de asalto,
ráfagas de sarcasmo
y sátira calibre 38,
arremetió contra los directivos
pues lleva cuatro meses laborando sin cobrar.

El juez dicta sentencia:
un castigo ejemplar, sin precedentes,
—para los directivos, por supuesto—
pues además se sabe
que mantienen los baños sin papel,
que no han ampliado el estacionamiento;
—con tremendo terreno disponible—
y que un puente peatonal en la avenida que cruza tanto niño
ni siquiera les pasa por la mente.

El director y la subdirectora
de ahora en adelante y lo que resta del sexenio
se exhibirán en cepo imaginario
para risa de todo Bellas Artes.
Más de uno ya afila la punta de su lápiz
para unirse a la sátira, consciente del proverbio
"mejor reír que llorar".

Por su parte,

el profesor ardido
aún sigue en la cantina invitado por el juez,
bajo firme promesa de que dará su tanda
cuando salga su cheque a fin de año.

Ya pasó Carnaval. Sigue la espera
por los siglos de los siglos.

Oh, número feliz, el treinta y dos:
Son treinta y dos los dientes de los dioses, custodios de sus fauces,
y treinta y dos las belicosas piezas de ajedrez,
treinta y dos los retazos cosidos del balón futbolero
y las caras del tricontadiedro,
treinta y dos las sonatas de piano de Beethoven,
las páginas de un cómic y los signos de Budha…

¿Se romperá el encanto de este libro con un poema adicional?

El istmo de las fauces

(epílogo)

Ser tragado es volver desde la muerte,
una resurrección tras la molienda de treinta y dos mazas perladas
como las muelas de un triturador de vidas truncas
por el peso de la cotidianidad.

…Ser deglutido cuando nada queda
más que una espera parca en pretensiones
garabateando trazos a tientas, gusaneándolos
como bola de estambre por la línea del tiempo,
como bolo astillado en busca de úlceras.

¿Con qué fin combatimos a la vida si el istmo no perdona
y el tracto digestivo ya ha trazado su cauce
degradándolo todo en este tránsito
a la resignación de lo que sigue.

¿Es un mal sueño que el insomnio impone?
¿Acaso un juego en el que todos pierden?

Mueven las contracciones los minutos pero al pasar la página
se llega al fin —mira que así es la vida—
al fin o a lo que venga.

Hacia el final del túnel, una luz se distingue.
Un lago celestial y alba cerámica
y un descenso espiral…

Ser devorado es como renacer.

Gracias por tu lectura. Así la cosa.

Todo está consumado.

Poema interactivo

> *difficile est saturam non scribere*
>
> Juvenal

Instrucciones para construir este poema: 1) Lea cualquier casilla de la tabla 1 precedida de la palabra *Cuando*. 2) Proceda a leer cualquier casilla de la tabla 2 seguida de cualquiera de las tablas 3 y 4, sucesivamente. 3) Repita la operación las veces que desee. 4) Complete el poema con la línea final: ...*es difícil dejar de cantar sátira*. Ud. tiene la opción de escribir su propio contenido para cada casilla. Felicidades. Es usted un poeta satírico.

Cuando...

Tabla 1

...una estatua de espejo...	...un patricio ardido...	...el mesías de turno...
...el Señor Secretario...	...un poeta de base...	...el narco redimido...
...el fraile del colegio...	...el villano en su villa...	...el oreja del jefe...
...un tío raboverde...	...un tirano entre tantos...	...un juez arrepentido...
Otro:		

Tabla 2

…con el vidrio empañado…	…con la hostia en la boca…	…con el puesto ganado…
…con la mano en la ingle…	…con la boca en el eco…	…con el sueño vendido…
…con un grito en el cielo que despierta a las almas del infierno…	…con la voz de un eunuco del sistema…	…con la pezuña hendida y lengua bífida…
…con la falda arremangada…	…con el venablo al aire…	…con un billete verde…
Otro:		

Tabla 3

…se rompe de promesas…	…orina desde el púlpito…	…aún duerme tranquilo…
…conversa con los ángeles que tiene de informantes…	…conserva la cordura bajo llave…	…eyacula manojos de magnolias…
…adquiere vida propia…	…discute con el Diablo que se hiela de espanto…	…redacta la estocada…
…predica en el Congreso…	…empapela vitrinas desde dentro…	…empeña las aureolas de los santos…
Otro:		

Tabla 4

…a la vista de todos los que se hacen,	…justo a tiempo y espacio,	…namás a lo pensante y sonante, como siempre,
…a la cintura o a donde se pueda,	…a favor del que gane,	…así a más no poder, querer o resignarse,
…a guion corrido y puntos suspensivos,	…a como dé lugar, tiempo y acción,	…a la yuc,
Otro:		

…es difícil dejar de cantar sátira.

Sabotaje a la che

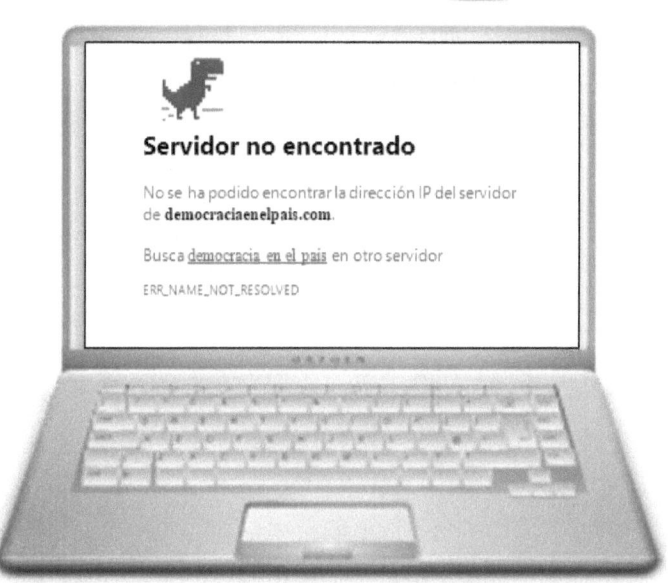

Dentro de la poesía, el discurso crítico ha encontrado refugio en distintas corrientes y lenguas. Se erigen así singulares testimonios sobre una red de metáforas y símiles, donde perduran imágenes oscuras de personajes y épocas que conforman el lado más ruinoso de la historia humana.

En ese canon, se incluyen estas creaciones de Fer de la Cruz, quien —desde una estética posmoderna con referentes vanguardistas y coloquiales— aborda asuntos sociopolíticos y ensancha su mensaje con eslogans y elementos gráficos, que ejemplifican el horror de nuestra globalizada aldea.

Agustín Labrada (Cancún, Quintana Roo)

Linaje de este libro

La poesía es lo que lxs lectorxs hacen de ella. Varios de los poemas contenidos en esta tercia de poemarios, han llegado al público lector a través de los maravillosos medios que se detallan a continuación, con el agradecimiento del autor:

De *Sabotaje a la che y otros poemas de martirologio*:

Los poemas *Sabotaje a la che*, *Medidas de austeridad* (con otro título), *Sobre todo tratándose de dígrafos*, *Off the record*, *Pagaduría*, *La ce, la hache y la ele*; *Nominan a la che para el Nobel de la Paz*, *La che se me aparece* y *Las letras no se salvan* aparecen en la revista virtual *Soma. Arte y Cultura*. Núm. 23. 18 de noviembre de 2017.
https://yucatancultura.com/literatura/sabotaje-che-poemas-martirologio/

El poema *No llevaban cinturón* aparece en la revista *Kapix!*, 2001, pp. 36-37, ilustrado por Sergio Neri.

De *La semana de 29 espejos (un semanario de metapoemas)*:

El poema *Parábola de la voz pródiga* aparece en B*istró*. Revista bimestral de literatura. Núm. 26, Oct-Nov 2019: centrodeexperimentacionliteraria.blogspot.com/2019/12/parabola-de-la-voz-prodiga-fer-de-la.html?fbclid=IwAR0S2H Z51X7i8pUF9UK3VbDqAOW-qQha9ie4Aun1j7FC2e6s-64d0IEqvrYs

De *Las fauces de Cronos*:

El poema *Creerán que soy un ángel* aparece en *Periódico de Poesía* de la UNAM. Núm. 35. (2011) Tres poemas. Ediciones impresa y digital:

http://www.periodicodepoesia.unam.mx/index.php/119-ineditos/ineditos/1620-035-ineditos-fernando-de-la-cruz

Creerán que soy un ángel (*They Might Think That I Am an Angel*) también aparece, en traducción al inglés de Jonathan Harrington, en la revista en línea de Camerún *Bakwa. A magazine of literary and cultural criticism.* Camerún. Noviembre, 2012. https://bakwamagazine.com/2012/11/30/poetry-they-might-think-that-i-am-an-angel-by-fer-de-la-cruz/

Dicha traducción también aparece en *Seven Songs of Silent Fireflies* (E.G. Editorial, 2019) junto con el poema *Now I believe in Destiny* (versión original de *Hoy creo en el destino*), y en la revista en línea *La Casa que Soy*: https://lacasaquesoy.blogspot.com/2019/11/fer-de-la-cruz-mexico-edicion-especial.html?fbclid=IwAR32D8Y5U_SWOG-FU7R1X6wGOVK-R-OYfBhBO5n6zFqBztWAnwHRxb1hd2k&m=1

Los poemas *Las fauces de Cronos* (con otro título) y *Como cualquier lugar donde uno escupe* también aparecen en el *Periódico de Poesía* de la UNAM (2011): http://www.archivopdp.unam.mx/index.php/1620

Los poemas *Las fauces de Cronos* (con otro título), *El sueño tecnológico, El problema del orden absoluto, Bestseller desconocido* y *Mis queridas películas pirata* aparecen en *Gaceta del pensamiento. Foro de la comunidad.* Núm. 28; julio-agosto 2014: Cinco poemas satíricos; pp. 36-37. https://issuu.com/gacetadelpensamiento/docs/gaceta_del_pensamiento_28

Los poemas *Metamorfosis, Sociopatía* y *Oda al dolor del mundo* aparecen en *La Piraña*. Publicación en línea. 2017. Dos colaboraciones en poesía: *Metamorfosis y otros desencantos* (marzo) y *Una definición de Ayotzinapa* (mayo). https://www.piranha-mx.club/index.php/nortec/itemlist/user/336-ferdelacruz

Los poemas *Se cayeron los santos* y *Radio Vaticano* aparecen en *Monolito. Revista de Literatura y Arte*. Publicación en línea. Junio 2017. Tres poemas.
http://revistaliterariamonolito.com/poemas-por-fer-de-la-cruz/

Los poemas *Oda al dolor del mundo* y *Kaláshnikov* aparecen en *Círculo de poesía. Revista Electrónica de Literatura*. Antología de poesía yucateca contemporánea. Compilación de Alejandro Rejón. Dos poemas.
http://circulodepoesia.com/2016/10/antologia-de-poesia-yucateca-contemporanea/

Por su parte, los poemas *La cuenta regresiva*, *Le cortaron el pelo a Jesucristo*, *Solicitud de léxico*, *Mi amor por el partido*, *Barney presidente*, *Por fin fue derrocado el Tiranosaurio Rex*, *La dignidad robada*, *MIT*, *Poema de Mafalda* y el poema visual/conceptual *Servidor no encontrado* aparecen publicados en papel en la plaquette *La cuenta regresiva. Radiografía urbana mesozoica* (2012).

El poema *MIT* también aparece en el libro *Mérida. Palabras y miradas II*, publicado por el Ayuntamiento de Mérida en 2019.

Acerca del autor

Fer de la Cruz
E-mail: delacrux@hotmail.com

Fer de la Cruz no sabe si todos podemos aprender a volar pero sí que todos podemos aprender a escribir. Es un poeta yucateco nacido en Monterrey, Nuevo León (México), en 1971. Maestro en español por Ohio University, es profesor fundador de la Escuela de Creación Literaria del Centro Estatal de Bellas Artes. Miembro del comité directivo de la biblioteca en lengua inglesa (Merida English Library) y del comité consultivo en Literatura, del patronato Pro Historia Peninsular (ProHispen). Ha publicado los siguientes poemarios, entre otros: en poesía lírica, *Osario* (2019), *Seven Songs of Silent Fireflies* (2008, 2019) y *Redentora la voz* (2010). En poesía para niños: *El corazón de Plutón y otras dulzuras* (2018), *Aliteletras. De la A a la que quieras* (2011, 2019) y *Si el avestruz volara* (2015, 2019). Su nombre completo es Luis Fernando de la Cruz Herrera pero no se lo digas a nadie.

Índice

**Sabotaje a la che
y otros poemas de martirologio**   9

¿Por qué tanto alboroto por la elle y la che?   11

La che se me aparece   15

Una posible causa   17
     Sabotaje a la ch   17
     Medidas de austeridad   18
     Sobre todo tratándose de dígrafos   19
     Off the record   20
     Así es en todos lados   21
     Pagaduría   22
     Laid off: otra versión   23
     La ce, la hache y la ele   24

Versiones más terribles   27
     Las letras no se salvan   27
     Levantón   28
     Exilio   29
     Carta de la che   30
     Nominan a la che para el Nobel de la Paz   31

...según la voluntad del Santo Aleph	33
No llevaban cinturón	33
Monumento a la elle y a la che	34
Beatifican a la che	35
Che nuestra, te pedimos	36
Aquí sobrevivimos	37
Pobre fonema /tʃ/	37
De todo se consigue	39
Me la encontré brillando	40
Emblema futurista	41
Archivado en un chip	42
Ya llegaron por fin la che y la elle	43
Padrenuestro de la elle y de la che	45
Epitafios de la elle y de la che	47
¿Dicen que falsa alarma?	49
Restituyen a la elle y a la che	49
Juicio de amparo	53
Guadalajara	57
La semana de 29 espejos (un semanario de metapoemas)	61
Apéndice anterior	65
Decálogo de quien se topa con quien se dice poeta	67
Primera jornada	69
Segunda	71
Mardi gras	71

Homenaje a la hache	72
Tercera	73
En efecto, *sucede que me canso…*	73
Quemen este poema	75
Instrucciones para atrapar el día	76
Cuarta	77
Salud y buenos días	77
Oración del pequeño dios	78
Salmo	79
Auto de fe	80
Quinta	83
El día del Buen Salvaje	83
Cómo domar una palabra brava	84
Copy, Cut & Paste	85
La novedad nombrada	87
La huelga de las letras	88
Sexta	89
Credo	90
Recipe for Everlasting Love	91
Se hizo la luz	92
Cómo hallar la pareja ideal de un sustantivo	93
Creerán que soy un ángel	94
Lucky Number	95
Qué diablos significa que sea domingo siete	95
Una cuestión urgente del Idioma	97
La caída de Adán ante mis ojos	98
Stalin vive	99

Libre de etarras ... 100
Visitaron las letras la ciudad ... 101
[…] ... 103

Apéndice posterior ... 105

Decálogo del poetifuncionario ... 107

Decálogo de tod@ quien pregunta ¿qué es poesía? ... 111
Parábola de la voz pródiga ... 114

Las fauces de Cronos ... 117

Prólogo ... 121

Delante de las fauces brillan cuatro
incisivos superiores ... 125
Las fauces de Cronos ... 125
El problema del orden absoluto ... 126
El sueño tecnológico ... 127
Mis queridas películas pirata ... 128
Una versión prosaica (tal vez copia pirata) ... 129

Otros tantos incisivos inferiores: sendos poemas
más o menos sencillos de tragar ... 131
Oda al dolor del mundo ... 131
Sociopatía ... 133
No es que odie el futbol ... 134
La cuenta regresiva ... 135

Funeraria Quevedo y otros poemas menos
digeribles: Premolares de cuadrantes inferior
izquierdo y derecho ... 137
Funeraria Quevedo ... 137

Radio Vaticano	138
Best-seller desconocido	139
Best-seller desconocido	140
El doblañol, idioma del futuro	141

Los cuatro premolares superiores izquierdos y derechos, plenos de santidad — 145

Se cayeron los santos	145
Le cortaron el pelo a Jesucristo	146
Dura Lex...	147
Shalom maestro, y felices pascuas	148

Molares de los cuadrantes inferiores centro-derecha y centro-izquierda, de cualquier partido que decidan blanquearse para huir de la endodoncia — 149

Mi amor por el partido	149
Barney presidente	151
Por fin fue derrocado el Tiranosaurio Rex	153
Mauricio Ortega, nuestro candidato	154

***Metamorfosis* y otros desencantos: Molares superiores derecho e izquierdo** — 155

Como cualquier lugar donde uno escupe	155
Hoy creo en el destino	157
Libertad como castigo	159
Metamorfosis	160

Los caninos: *Kaláshnikov* y otros poemas como bomba al hígado — 161

Kaláshnikov	161
MIT	162

La dignidad robada	164
Un hombre a la mitad	166

Las del juicio: Protegidas por guardas de grafeno contra bruxistas dioses
de inframundo	169
Para alcanzar el Cielo	169
Poema de Mafalda	171
Repetición en permanencia voluntaria	172
Efecto dominó	173
La Historia se repite	174

	176
El istmo de las fauces	177
(epílogo)	177
Poema interactivo	179
Linaje de este libro	185
Acerca del autor	189

Editorial LibrosEnRed

LibrosEnRed es la Editorial Digital más completa en idioma español. Desde junio de 2000 trabajamos en la edición y venta de libros digitales e impresos bajo demanda.

Nuestra misión es facilitar a todos los autores la edición de sus obras y ofrecer a los lectores acceso rápido y económico a libros de todo tipo.

Editamos novelas, cuentos, poesías, tesis, investigaciones, manuales, monografías y toda variedad de contenidos. Brindamos la posibilidad de comercializar las obras desde Internet para millones de potenciales lectores. De este modo, intentamos fortalecer la difusión de los autores que escriben en español.

Ingrese a www.librosenred.com y conozca nuestro catálogo, compuesto por cientos de títulos clásicos y de autores contemporáneos.

www.ingramcontent.com/pod-product-compliance
Lightning Source LLC
Chambersburg PA
CBHW021810220426
43662CB00006B/252